教育工学選書
2

学びを支える
教育工学の展開

日本教育工学会 監修
山西潤一・赤堀侃司・大久保昇 編著

ミネルヴァ書房

発刊のことば

　教育工学 (Educational Technology) が日本に紹介されたのは1964年であった。Technologyを技術学ではなく工学と訳したことが，多方面な発展をもたらしたとともに，いくつかの誤解も生じさせる原因にもなっていた。工学は，工業や工業製品との連想がつよく，教育工学とは，教育機器を生産する技術やそれを活用するための技術を研究する学問と思われがちであったからである。しかし，我が国での教育工学は，初期の研究者の努力により，その目的や方法についてさまざまな議論を経てその学術的位置づけを明確にしながら発展してきた。現在では，狭い意味の工学だけでなく，教育学，心理学，社会学，生理学，情報科学，建築学などさまざまな分野の研究者たちがそれぞれの研究基盤をもとに協力しながら成果をあげ，問題解決に迫る学際領域になっている。

　1984年には，日本教育工学会が設立され，会員数も2500名を優に超える中規模の学会となってきている。対象とする領域は，認知，メディア，コンピュータ利用，データ解析，ネットワーク，授業研究，教師教育，情報教育，Instructional Design 等（『教育工学事典』実教出版，2000より）と広い。また，科研費の総合領域分野の細目にも「教育工学」があり，毎年数多くの申請書が提出される。近年では，医学教育や企業内教育などの領域にも対象は拡大している。

　このように「教育工学」をキーワードとして，多くの人材が集まる研究領域に育ってきていることは喜ばしいことであるが，学際領域として，共通の知識や技術，研究方法などが共有しにくいという弱点も感じている。教育工学は，学際領域であり，さまざまな研究領域からのアプローチが可能ではあるが，広い意味での「工学」であり，その成果を共有するには，やはりその内容や方法に対する共通の理解が必要だからである。

　そこで，日本教育工学会では，「教育工学がどのような学問なのか」「これまでどのような研究が行われてきたのか」「この領域の面白さはどこにあるのか」「今後この分野に関わる研究者にはどのような知識や技術を身につけておいてほしいのか」等を共有することを願って，設立25周年記念事業として教育工学選書の出版をスタートさせることになった。まずは，はじめの8巻を基盤的で総括的な内容で編成し，その後，個別的な研究の内容や方法を紹介することとしている。

　高度成長を求め優秀ではあるが画一的な人材を育成する時代は過ぎ去り，ひとりひとりが自らの可能性を引き出しながら継続可能な社会を構成しようとする時代に入ろうとしている。教育においても新しい課題が山積みであり，将来を見通した研究開発が求められている。ぜひ多くの開発研究者や教育実践研究者，あるいは，これから教育分野を対象として研究を進めていきたいと考えている若い研究者が，教育工学が求めている考え方や方法論を理解し，研究のコミュニティーに参加してほしいと願っている。

2012年4月

教育工学選書編集委員会代表　永野和男

は じ め に

　教育工学研究では，教育の内容や方法，学習者の理解や変容，効果的な教材や学習環境の開発等々，教育という営みをより効果的なものにしようとさまざまな立場から研究が行われてきている。教育の対象も学校教育から，大学などの高等教育，企業内教育，社会教育としての生涯学習など幅が広い。教育は，知識や技術，態度や思いを他者に伝えるという行為であり，学びは，その逆に，何かを学びたいという自立的意思から形成される。その意味で，教育や学びは，学校教育等のいわゆるフォーマルな教育機関はもとより，人々の社会的営みや，興味関心をもち知的欲求を満たすさまざまな場面で出現するインフォーマルな形態をとることも多い。教育工学研究の多様さや自由度の大きさは，このような対象領域の広さとともに，システム開発的な工学研究から，学習者や教授者の変容といった心理学的研究，授業設計やカリキュラム開発，指導方法に至る教育方法学的研究と幅広い。研究者の立ち位置も，工学あり，教育学あり，心理学あり，医学や看護学などさまざまである。

　筆者自身は，教育工学研究の魅力は，教育や学びという営みを対象とする共通性のみで，さまざまな専門領域をもった研究者が，固定化された研究の枠組みにとらわれることなく学際的に研究をすすめることができる点にあると考えている。そこで，本巻では，このような多様な分野で教育工学研究が展開されている事例を，教育工学研究に興味関心をもつ学生や大学院生をはじめ，学校教育のみならずさまざまな立場で日頃から教育に取り組んでおられる多くの方々に知ってもらい，自らの教育改善の一助にしてもらうと同時に，教育工学研究をより発展させてほしいと期待するものである。

　上記のような意図で，本巻では，第1章「教師の技を伝える」，第2章「学びの形と質が変わる」，第3章「大学の授業を変える」で，赤堀氏の学校教育を始めとして，高等教育の質改善を支援する教育工学的研究を紹介しています。授業改善の具体的方法やその理論的背景，メディアや学習形態の変化，授業評

価や情報機器活用の可能性などについて具体的に紹介されます。第4章「熟達者の「わざ」をデジタルで伝える」では，佐藤，渡部氏らによる伝統的匠の技の伝承に，デジタル技術を用いるユニークな研究を紹介しています。熟達者の模倣に始まり繰り返しの練習により習熟にいたる従来の学習から，熟達者の目の付け所の理解や学習者自身の動作の客観化が進むという可能性とともに，継承者の「思い」を大切にして伝えるテクノロジー活用など，学校教育とは異なる視点での教育工学的研究の面白さが紹介されます。第5章「企業における人材開発」は，中原氏による企業における人的資源開発に関わる教育工学的研究が紹介されています。特に，企業における人材開発に興味関心のある研究者にとって，教育工学の知識や専門性以外にどのような活動が求められるか，教育工学が対象としてこなかった未開の大地を切り開いた先駆的研究です。第6章「生涯学習での学びを支える」は，山西氏による，知のフリーマーケットを謳い文句に，十数年に渡って展開してきた「富山インターネット市民塾」の活動をとおして，生涯学習での学びを支える教育工学的研究について紹介しています。第7章「博物館で学ぶ」は，黒田氏による，博物館での，さまざまなICT技術を駆使した学習環境整備の現状とその教育的可能性についての紹介である。学校外学習として期待される博物館の可能性と教育工学的研究の可能性が紹介された。第8章「ICT学習空間と学び」は，山西，大久保らによる，従来の伝統的教室から，アクティブ・ラーニングを進める多様な教室環境の構築や可能性について紹介されています。

　以上，8つのテーマは，教育工学的研究が扱っている対象全てを紹介するものではありませんが，さまざまな教育や学びの場で，教育工学的視点を持った研究者が，それぞれの思いで取り組んできた研究の成果です。編者を代表して，教育工学に興味関心をもつ多くの読者によって，新たな展開が進むことを期待したいと思います。

山西潤一

学びを支える教育工学の展開

目　次

はじめに

第1章　教師の技を伝える …………………………………………… 1

　1.1　情報を伝える ……………………………………………… 1

　1.2　ワークシートを作る ……………………………………… 8

　1.3　対話する ……………………………………………………11

　1.4　授業改善の方法 ……………………………………………14

第2章　学びの形と質が変わる ………………………………………21

　2.1　学びの質を探る ……………………………………………21

　2.2　これからの学習指導 ………………………………………26

　2.3　学びの形を変える …………………………………………30

　2.4　これからの学びの形 ………………………………………34

第3章　大学の授業を変える …………………………………………41

　3.1　シラバスとは ………………………………………………41

　3.2　授業評価の受け止め方 ……………………………………46

　3.3　出席の確認をする …………………………………………51

第4章 熟達者の「わざ」をデジタルで伝える ……………61

4.1 日本の「わざ」をデジタルで伝える ……………61
4.2 民俗舞踊の学びにおけるモーションキャプチャ活用 ……………65
4.3 民俗舞踊におけるモーションキャプチャ活用の効果 ……………73
4.4 師匠と学習者をつなぐテクノロジー ……………78
4.5 テクノロジーが現在を未来につなぐ ……………83

第5章 企業における人材開発 ……………86

5.1 教育工学における「企業」……………86
5.2 企業における人的資源開発 ……………88
5.3 もし教育工学の研究者が企業人材開発に取り組むならば ……………96
5.4 総 括 ……………101

第6章 生涯学習での学びを支える ……………103

6.1 富山インターネット市民塾 ……………103
6.2 オープン・エデュケーションと市民塾の学び ……………105
6.3 学習コミュニティとしてのインターネット市民塾 ……………106
6.4 一人ひとりの学びを活かすeポートフォリオ ……………109
6.5 市民塾でのeポートフォリオシステム ……………114
6.6 eポートフォリオは学習の何を支援するか ……………122
6.7 生涯学習でのeポートフォリオの可能性 ……………124
6.8 地域人材を活かすeパスポートの開発 ……………126
6.9 まとめ ……………130

目 次

第7章　博物館で学ぶ······································ 132

7.1　博物館の学びと教育工学···························· 132

7.2　より深い学びを支えるメディアを用いた展示············ 134

7.3　多様な学びの支援や新しい学びへの挑戦··············· 139

7.4　知のデジタルアーカイブ···························· 141

7.5　博物館のこれからと教育工学研究···················· 144

第8章　ICT学習空間と学び······························· 147

8.1　学習内容とその背景······························· 147

8.2　教育の情報化で進む学校のICT環境·················· 149

8.3　教科指導におけるICT活用と情報教育················ 151

8.4　思考力・判断力・表現力等をはぐくむ学習活動へのICT活用······· 155

8.5　インターネットを活用した協働学習·················· 159

8.6　ICT活用と教育工学研究··························· 160

8.7　学校施設整備指針の改定で学校も変わる··············· 161

8.8　未来の学習環境をデザインする····················· 163

おわりに

索　引

v

第 1 章

教師の技を伝える

赤堀侃司

　教師の技は，ドナルド・ショーンの反省的実践家の概念を持ち出すまでもなく，実践の中で培われてきた技であり，それはある意味で高度な専門家が持つ技術と言える。技という用語からは，ハウツー的なイメージがあるが，それだけでなく，実践という場に埋め込まれた知恵や技が，表に表出した技法と考えてよい。本章では，その埋め込まれた中にある考え方を，述べている。研究方法としては，本章の後半で，DBR（Design Based Research）を紹介している。

1.1　情報を伝える

1.1.1　視線の集中

　授業における基本の 1 つとして，児童生徒に教師の言動を注目させることが挙げられるが，これがなかなか難しい。これまでの教育方法の研究や実践では，さまざまな工夫が試みられた。1 つは，児童生徒の興味ある題材を提示することである。誰でも興味あることは，注意が向く。認知心理学でよく知られているように，どんな雑踏の中でも自分の知っている顔は素早く見分けることができるし，どんな雑音の中でも，自分の名前を呼ばれたらすぐに聞き分けることができる。雑音に混じっていても自分の悪口であれば，その言葉だけが際だって大きく聞こえるであろう。このように，自分の関心のあることや気になっていることに注意が向くことは，日常経験でも知っている。教師が，児童生徒の興味ある内容を提示して，授業の導入にすることは納得できる方法と言える。

I

教えることが先端のプロ教師といえば，予備校の教師かも知れない。ここが重要だと思って，どうしても生徒達の注意を向けさせたいときには，チョークを折るという。その折れる音を聞いてよほどのことかと思って，高校生が黒板に集中するという。このようにプロの教師は，児童生徒の心理や特性を経験的に知っている。

　あるテレビの CM ディレクターが，「たとえば，カモメのようなゆっくり飛ぶ鳥を，カメラが追いかける。どこにでもあるような町をカモメが悠々と飛んでいる。人は動きのある物体に目を奪われるので，視聴者の目はカモメの動きに沿って画面を見ている。カメラはある場所で止まって，カモメが画面の外に出たときに，町の風景に広告のある建物が正面に映るような構図を考えることがある。この方法であれば人の目は自然にその広告に止まるからだ」と語った。確かに，テレビの CM ディレクターのような厳しい競争社会であれば，どのようにして視聴者の目を画面に向かせるかは重要な課題であるに違いない。学校の教員は，そこまでプロではないかもしれないが，どのようにして注目させるかは，経験的なノウハウをもっているようだ。

　ある小学校の国語の授業を参観した。ベテランと呼ばれる教師は，見事に児童を引きつけた。国語の読み取りの場面で，その教師が突然に声を小さくした。声が小さくて後ろの参観の場所からは聞こえないほどであったが，児童も同じようで，全員が聞き耳を立てるようにシーンと静かになった。その瞬間を見計らって大切なポイントを話したが，それは，まさに演じているとしか表現できない。教師という役を演じていた。児童生徒を引きつけるとは，注目させるとは，エンターテーナーに徹することかもしれない。

　佐藤・赤堀（2006）の視線集中の研究は，興味深い。佐藤・赤堀は，2つの実験室を用意した。1つは，スクリーンに教材を投影して受講生の全員がスクリーンに視線を集中させ，他方は，受講生1人1人にパソコン（以下，PC）を置いて，個別に学習できるように配置した。教材内容は同じなので，教材による差はない。それにも関わらず両者に差が生じた。スクリーンに視線を集中させた実験群のほうが，高い学習効果を示した。これは，どうしてであろうか。

第1章 教師の技を伝える

受講生の全員が視線を同じスクリーンに集中することと，それぞれの受講生の前にある PC に各自が視線を向けることは，物理的な差は無い。あるとすれば，視線がある場所に集中するか分散するかの違いだけである。それは，きわめて微妙な違いであろうが，その微妙な違いが学習効果に影響を与えることを，佐藤・赤堀は存在感の概念を用いて説明した。

1.1.2 存 在 感

存在感は英語ではプレゼンスというが，プレゼンスとは文字通りその場所に居ること，存在していることなので，誰かが，その場所に居ることを意味している。あの人のプレゼンスは高いと言えば，その人がその場所にいるだけで，何か引きつけられたり，会話をしたくなったり，質問したくなったり，聞いてみたくなったりするような存在感のことを示す。Short の論文（1976）では，たとえば，波があって，さざ波や低い波などいろいろあるが，際だって高い波がやってくると誰もがその波に注目するが，比喩的にはこのような波をプレゼンスが高いと言っている。教室に多くの児童がいて，ある児童が質問すると皆がその児童に注目する場合，それは際だった高い波のような存在と言える。Short の論文では，プレゼンスには，teaching presence, learning presence, social presence の3つがあると述べている。social presence は，その教室にいる児童生徒達の存在と考えればよい。教室には40名近くの児童生徒達がいる。それぞれの児童生徒が，各自で自分の PC で学習していたとすれば，他人の存在など誰も気にしないであろう。人が居ても居なくても学習効果には関係ないということが，これまでの常識であった。しかし，上記の研究ではそうではないという結果を導いた。視線をスクリーンに集中させたほうが，学習効果が高かったということは，他人の存在を意識したからだと結論づけている。アンケートなどによってそのことを証明したのであるが，このことは興味深い。

人は，他人の存在において，学習効果を高めているのだという研究である。他人は物言わぬ存在ではなく，無意識的に影響を与えている。人が側にいることで学習効果が高まることを，経験的に知っている。どうしても勉強する気が

3

起きないとき，どうしても仕事のやる気が起きないとき，誰かが側にいるとやる気が起きることがある。それは，手伝ってくれなくてもいいが，誰かが側にいるという存在そのものが，学習や仕事をすることにプラスに働くという結果である。逆に，他人の存在が学習のやる気を失わせることも経験しているが，それは，その場の雰囲気に依存している。学校の教室という場は勉強する場という意識がある。その場であることが，その場にいる児童生徒達に学習をさせる効果を生み出している。

　ある統計によれば，有名進学校や有名大学に在籍している生徒や学生の多くは，自分の個室で勉強するのではなく，居間で勉強する割合が多いという。居間には，母親や兄弟など人がそこに居るので，人の存在が学習効果を高めていると解釈することもできよう。いずれにしても，個別学習だけが効果的なのではなく，人の存在が学習効果をもたらすという知見に注目したい。孤独な勉強は，学習効果という点では難しいかもしれない。仲間や友達と助け合いながら勉強するほうが，効果があるといえる。仲間がいるだけで，そこに存在しているだけで，同じスクリーンを共有して視線を合わせているだけで，学習効果は上がると言えそうである。プレゼンス研究は，eラーニングの研究の孤独感の研究から注目されたもので，元々はコミュニケーション理論のひとつである。

1.1.3　構造化する

　TIMSS ビデオ研究という面白い研究がある（清水 2002）。世界の16カ国の授業をビデオに撮影してその比較研究を行った，膨大な労力のかかった研究である。この中で，日本の教師の板書の仕方を分析した研究があるが，日本の教師の板書技術はきわめて優れているという。どこが優れているかは，板書の仕方が構造的だという。構造的とは，教師が板書した内容を児童生徒たちはノートに写すが，その内容がきれいに構造化されていることを意味する。ノートを後で見たときに，この内容は，このような意味だったのかと思い出すのは，末梢的な内容ではなく本質的で意味ある内容であることはいうまでもない。イメージ的には，脳の部位に重要な内容やキーワードが記憶されて，それらが

第1章　教師の技を伝える

ネットワークのようにお互いにリンクされているといってもよい。構造的にリンクされやすいように板書していると報告している。それは，教師の教える技術としては重要である。ばらばらの知識の記憶ではなく，いかに構造的に記憶するかであるが，その重要性は認知心理学などで明らかにされてきた。

　たとえば，医学部の学生と本物の医師を比較した研究がある。医学部の学生がよく勉強するといっても，ベテランの医師から見ればまだ初学者である。つまり本物の医師は専門家であり，その比較をした研究である（ガニエ 1989）。

　学生と医師の両者に，本物の患者のカルテを渡す。病気は心臓疾患に関する病気であるが，専門用語が出てくるので詳細は省略する。カルテを見て，血液のデータ，顔のむくみなどのデータ，患者の報告によるデータなどを記載したカルテである。これから，学生と医師が，どう判断するかを比較したのである。血液のデータ，患者の報告のデータなどから，どのような心臓の病気が考えられるかという問いをして，回答用紙に書いてもらう。さすが医学部の学生はよく勉強していて，この血液のデータから予想される病気はといった項目の調査では，医師とほとんど差がなかった。つまり個々の項目についての調査では差がなかった。しかし決定的な差は，それでは総合的に判断して，この患者さんの病名は何かという問いに対して，生じたのである。個々のデータに対して差が無く，総合的な判断で差が生じたのは，どう解釈すればいいのだろうか。

　それを，この研究では知識構造の差で説明したのである。項目の１つである血液データから，このような病気の可能性があると推測するのは，個々の知識といえる。しかし総合的に判断するには，それらの個々の知識が構造的につながっていなければならない。本物の医師は，知識が全体として構造的につながっており，医学部の学生の場合は，知識がばらばらで全体として構造化されていないからだと，説明した。それは確かに納得できる。学生は，講義や本を通して，個々の知識は本物の医師と同じように持っている。その持っている知識で，小学生が分数の問題を解くのと同じように，未知の問題を解こうとした。しかし，それらの知識がお互いにつながっていなかった。つながっていなかったから，正確な総合的な判断ができなかったというわけである。これに対して

本物の医師は，絶えず本物の患者さんを診察している。患者さんは，いろいろな病気があって，医学書に書かれている個々の知識では対応できない。本物の患者さんという現実の場面を通して，医学書で学んだ個々の知識をお互いにつなぎ合わせることができた。そして，それが構造化されて的確な判断ができたという説明なのである。

　私たちの身体が生命体として機能しているのは，内蔵や骨格などが個々ばらばらでなく，お互いに有機的に結ばれているからである。同じように，知識が個々に存在するのではなく，構造化されているからだという考えである。体に異物が入ってくると吐き出すと同じように，どうしても納得できない未知の問題に出会うと，つまずくという現象になる。また，栄養を外から吸収することによって，身体が丈夫になると同じように，既有知識に新しい知識が入ってきて，別の知識構造を作っていくというプロセスをとる。だから，知識はまるで生き物のように，構造を変えているといえる。その知識構造を元に，人は判断したり推論したり，つまり問題を解いている。

　板書の仕方も，知識の構造化を念頭において行う必要がある。

1.1.4　課題分析する

　課題分析は，インストラクショナルデザインの基本である（赤堀 2006）。ガニェが，その著書で紹介して良く知られているが，目標とする課題に対してどのような下位課題があるかを分析して，これを授業デザインに活かすという方法で，1時間の授業指導案，10時間程度の単元の指導案，年間の指導計画，教科の系統性の分析なども含めて，その基礎になる方法である。しかしその実践は多くはない。その理由は，ほとんどの教科書では，単元配列表が明記されていて，系統表が明確に表示されているからである。教師は，その配列表に従って授業を実施することが多く，教師自身が配列表を作成する活動が少ないからである。

　大学では，学生への講義や演習課題として課題分析させることが多い。たとえば，自分の得意な科目を想定して，10時間分程度の単元を教える指導計画を

第1章 教師の技を伝える

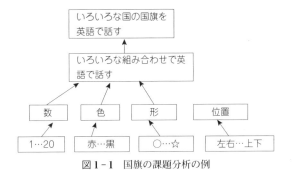

図1-1 国旗の課題分析の例

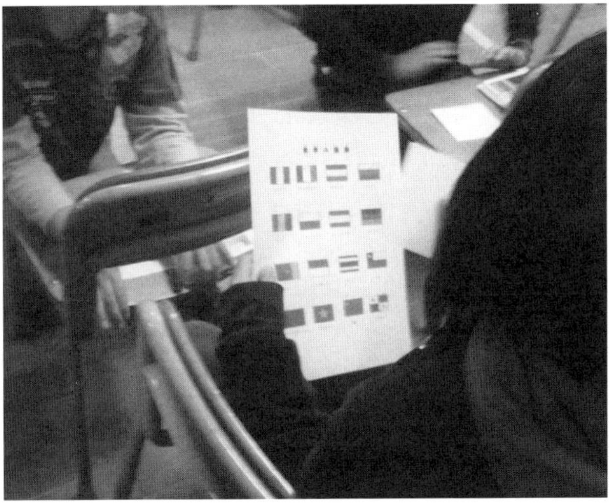

図1-2 ペア学習の光景

立てよという課題である。自分の得意な課題であることは意外に重要で、得意な内容は知識として知っていること、どのような活動を想定すればいいかが推測しやすいからである。このような課題分析の経験を積むと、指導案や単元計画や系統表を見たとき、内容を読み取りやすくなる。課題分析は、授業デザインの骨格に相当すると考えてよい。

　たとえば小学校の外国語活動などでは、課題分析をする必要が出てくる。新しい単元や新しい教材では、内容の分析が必要である。図1-1に、その事例を示す。この単元は、新潟市立女池小学校の実践であるが、児童が生き生きと

7

英語活動を行っており感心した。児童たちは2人ペアになって，世界の国旗をカラー印刷したワークシートを見て，1人が英語で話し他方が国名を当てるという活動であった。図1-1における上位の目標の活動であったが，事前に下位目標の活動をして到達していたので，活発な活動ができたと考えられる。図1-2は，その光景である。このように課題分析は，授業デザインや単元計画，年間指導計画などの基本になる分析手法である。

1.2 ワークシートを作る

1.2.1 吹き出しのワークシート

　小学校から大学まで，ほとんどの教師はワークシートを作る。その理由は，担当のクラスの児童生徒の実情に合った教材でないと理解させにくいことや，市販の資料だけでは教えにくいからであろう。たとえば小学校では，台詞入りのワークシートがある。この台詞を書き込ませるワークシートは，興味深い方法である。たとえば，情報モラルの授業のワークシートで，児童がメールを送信している絵があって，インターネットにつながっている向こうに，なりすましを装う男の絵があって，それぞれに台詞を書く吹き出しがある。この吹き出しに文章を書かせるワークシートであるが，この台詞を書くことで，なりすましの意味を知ると同時に疑似体験できるので，なりすましを装う男の気持ちを知ることにつながり，未然防止につながるというねらいがある。このワークシートでは，その時の男の気持ちが自然にわかるような絵が重要になってくる。それは，アフォーダンスではないかと思っている。

　アフォーダンスについて，筆者は，かつて映像の専門家にインタビューしたことがある（赤堀 2003）。彼は，「うーん。難しいが，カメラのアングルやライトの当て方や，映像の取り方は，その場で決まるような気がする。もちろん基本的な映像文法はあるが，それだけではプロといえない。場面や状況が決まると，すべて決まってくる。自分がこうしようと思うより，場面がこうしてくれという感じだ」と言った。これを聞いて，なるほどと思ったのである。自分が

決めるより，むしろ対象や場面が決めるのであるから，対象がこうしなさいと
アフォードしていることになる。そのアフォードしてくるメッセージを，専門
家は聞き分けられるという。あるプロの写真家は，法隆寺などを撮影するとき
に，じっと待っているという。何故待っているのかいう問いかけに，「法隆寺
のほうが，私に向かって，このアングルで撮ってくださいと言ってくる時があ
る。その時をじっと待っているのだ」と答えたという。これも，アフォーダン
スの意味を伝えている。少なくとも，この時にはこうすればいいという，メ
ディア研究の知見をすべて知っていて，撮影することはないであろう。経験的
な法則か，対象のアフォーダンスを活用しているに違いない。このように，専
門家は対象や道具と対話しているらしい。このことから，ワークシートは，児
童生徒と教材を通して対話している道具といえるのではないだろうか。

1.2.2　スキーマを与えるワークシート

　スキーマとは図式とか枠組みであるから，考え方を示す枠である。ワーク
シートの作成において，このスキーマも重要な視点である。児童生徒が教師の
話を聞いて，どのように理解しているのか，不安になることがある。ある大学
教員が資料を配布して学生に質問したが，ほとんど帰ってくる答えは，わかり
ませんというむなしい言葉であった。意欲のない学生は，ただ聞いてノートし
ているだけという現実の前に，授業改善は大学の緊急の課題である。その教員
は，学生の実態を知りたくて，資料に出てくる単語の意味を選択肢で回答させ
た。その結果，学生がかなりの単語の意味を知らなかったという事実を知って，
その教員は愕然とした。意味もわからなくて聞いていることは，苦痛でしかな
い。居眠りするしか表現の手段がないのかも知れない。元気のある学生が私語
をすることになるが，このような現実を解決するには，どうしても意味を理解
させるしかない。その意味とは何であろうか。スキーマは，その答えのひとつ
である。

　たとえば，単語と文法知識だけで英会話をしようとすると，行き詰まってし
まうことを経験的に知っている。英語の堪能な人は，意味を翻訳しようとする

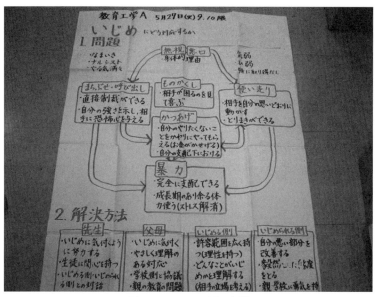

図1-3　スキーマ図の事例

のであろう。したがって無意識的にスキーマを働かせている。このように考えると，日本人が外国人と英語でコミュニケーションする場合には，スキーマを介在することが重要だということになる。さらに，拡大解釈すれば，同じ日本人同士でも，言葉という表面だけでなくスキーマで会話していると考えることができる。誤解が生じるのは，同じスキーマを共有していないからだとも言える。

　それが，単語や文章が複雑になったり，抽象度が高くなったりすると，その意味することを伝えるのは容易ではない。そのために，本質的な意味を，図式化して表現する。たとえば，需要と供給という概念は，スキーマで表現するほうがわかりやすい。商品と売り手と買い手の関係を矢印で表現すれば，それで本質的な意味が，直ちに理解できる。その本質を伝えることが，スキーマの重要な機能である。

　ワークシートを工夫して，重要な概念や概念間の関係などを理解させることであろう。ゴミのリサイクルの流れは，どうなっているであろうか，その流れ

を図的に表したほうが，わかりやすい。クレジットカードの決済の方法も，や
はり流れ図で表現したほうがわかりやすい。モノや情報の流れに，本質的な意
味が含まれているからである。電子メールが相手に届く仕組みも，情報の流れ
であるから，図的に表現するとわかりやすい。このように，表面の理解でなく，
意味を理解しようとすれば，スキーマで表現する方法が有効である。その内容
が抽象的であればあるほど有効になるので，学校の教育目標の図的表現，事業
のスキーマ図，報告書の全体構成図など，すべてスキーマと関連している。図
1‐3に，学生が作成したいじめについてのスキーマ図の例を示す。

1.3 対 話 す る

1.3.1 自分との対話

　児童生徒が，教科書や教材を用いて勉強したり問題を解いたりする光景を見
ると，何か格闘しているように見える。確かに「どうしてだろうか，何故だろ
うか，どうしてもわからない」など自問自答している姿は，自分と対話してい
ると言えるであろう。学習するとは，自己と向き合うことでもある。どうして
なのだろうかと自問することは，脳内の部位に記憶されている関連した知識を
探索して，答えが見つかれば，これでいいかも知れないと自分に答えることに
なり，それが正しいか誤りかを自分で確かめていることである。

　誤った答えを調べて，どこが誤ったかがわかる児童生徒は，次回には自力で
正解をするという研究がある。それは，振り返りができるからだと説明される。
振り返りとは reflection であり，自分を見つめ直すことである。振り返りの活
動は，学習においては重要である。

　大分県安岐中学校で，振り返りカードを用いた授業を参観したことがある。
通常の振り返りカードは，理解したとか楽しかったなどの5段階評価を行うが，
この学校の振り返りカードは，きわめて具体的である。たとえば，理科の授業
では，学習の単元に沿った振り返りカードで，「力の大きさは重力を基準にし
て表せばいいことや，2力のつり合いの条件について，理解できましたか」な

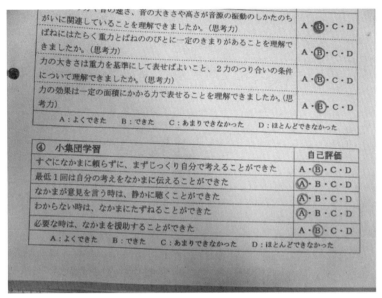

図1-4 大分県安岐中学校の振り返りカード

どのアンケート内容になっている。このように具体的な内容なので正確に記入することができると同時に，児童生徒が自分で知識を確認することができる。この振り返りの内容は，単元の目標そのものである。評価とは目標と一体化されているので，振り返りは目標と対応させて実施するほうが望ましい。図1-4に，その記入の様子を示す。

振り返りは，メタ認知を発達させる意味で重要である。自分を上から見ること，自分のしていることを自覚できること，何が重要で何が重要でないかを知ることは，学習指導の基本といえよう。

1.3.2 電子黒板との対話

電子黒板が注目されている。電子黒板の特徴は，書き込みできることであろう。児童生徒と教師が対話しながら，授業を進めることができる。

東京都墨田区文花中学校で，電子黒板を用いた数学の授業を参観した。1次方程式の授業で，電子黒板上に直線がグラフ上に描かれていた。教師は，その

直線の傾きを手書きで書きくわえて説明した。それは，授業参観者である私に
少し奇妙な感じを与えた。きれいな直線上に，突然に手書きでぎざぎざの赤色
で示した直線とは呼べないような図形が，加わったからである。私たちが見慣
れた黒板上の文字や図は，すべて手書きで書かれている。あるいは，私たちが，
見なれた資料や教材は，きれいな写真，きれいな図，カラフルな文字やイラス
トであり，それは見る対象であって，汚すにはもったいないような感覚があっ
た。しかし，目の前に現れた数学の授業では，それらが混在され，それが私に
奇妙な感覚を与えたのである。

　授業が終わったとき，数人の中学生が電子黒板の前にやってきて，まだ残っ
ている1次方程式の直線に，手書きの傾きを書き入れて先生に質問をした。中
学生は，私が知りたかったのはここだよ，といわんばかりの質問であった。数
学の教師は，嬉しそうに電子黒板を使って，説明した。電子黒板とは，まさに，
このような道具ではなかったか。きれいに書かれた直線は，教科書や資料に出
てくる図形であって，遠い昔の天才のような学者が考えた遺産である。それは，
正しく，きれいで，決して間違えない，自分たちとは遠く離れたモノでしかす
ぎなかった。中学生は，間違っているかもしれないが，その物言わぬ直線と，
そして昔の大数学者と，自分の考えを言って対話したかったのであろう。その
直線に，自分の考えを重ねてみたかったのではないか。数学の教師も同じで思
いではなかったか。手書きのぎざぎざした傾きが，きれいな直線に重なること
で，自らの考えを投影したかったのであろう。

　電子黒板は，教材や資料やそれらを創造した権威者に，教師や子どもたちが，
自らの考えを重ね合わせて表現することで，対話しようとする媒体ではないだ
ろうか。バフチン（2002）は，物語に出てくる登場人物と読者は対話している，
物語でなくても人は対象と対話している，自分とも対話していると述べている。
バフチンの考えを借りれば，電子黒板上で，教師も児童生徒も書き込みながら
数学を作った数学者と対話しているのではないかと言える。どうしてもこれは
わからないという自問する姿は，自己との対話であるが，数学者という相手に
対して，自分の意見を重ね合わせて対話しているのであろう。電子黒板は，物

図 1-5　東京都墨田区文花中学校の電子黒板

言わぬ黒板ではなく，教師と児童生徒と教材を作った権威者を結びつけて，対話をさせる道具といえよう。この様子を，図 1-5 に示す。

1.4　授業改善の方法

1.4.1　Design Based Research

　この研究法については，特に Educational Researcher 誌の論文が，特集をしており興味深い (Design Based research collectives, 2003)。また，2007 年 6 月にカナダのバンクーバーで開催された ED-MEDIA の国際会議では，Design Based Research（以下，DBR と略す）の研究報告が多くあり，研究法に多くの示唆を与えている。この研究法は，Brown, A. と Collins, A. が，最初に用いたといわれるが，たとえば，次のような類似の用語がある。Design experiments, Formative design, Design research, などである。

　Formative design でわかるように，研究デザインそのものを，実践に適用しながら形成的に変えていく方法である。実践に適用したら，ある面では成功しある面では失敗したとすれば，どこがおかしいかを見いだして，再デザインし

て実践を改善するという教育実践と研究デザインを行き来しながら，デザインそのものを精錬させていく研究法と言える。

Reeves や Herrington らの研究では，以下のように，その特徴をまとめている。定義を，「文脈依存の実践的な知見と，理論から導かれる根拠を融合した研究法のデザイン」であるとし，以下のような特徴を挙げている。

① 実用的な目標（Pragmatic）

現実の教育課題，学校における問題など，実際的な課題をテーマにして，その解決を目指す。

② 理論を土台にする（Grounded）

その解決においては，いくつかの背景となる理論を土台にする。たとえば，コミュニティを作る，協同学習をさせる，課題ベースにする，などのように，理論から導かれる解決法でデザインする。

③ 柔軟性と繰り返し（Interactive, iterative, flexible）

研究者と実践家が，協同して解決案を求める。その解決法を適用して，実践し，改善を繰り返すサイクルを適用する。

④ 研究方法の統合（Integrative）

多様な研究方法を取り入れる，量的研究法と同時に，質的研究法も用いる。

⑤ 文脈性（Contextual）

文脈依存の問題を扱う。多くの教育課題が文脈依存なので，一般的な知見を得ることが難しいので，その解決方法としてのデザインを研究の知見とする。

以上のような研究法は，確かに研究背景となる理論があり，かつ実践を対象にして，現実の問題解決を目指すアプローチとして有効だと思われる。このように DBR は，科学的な知見を得るための研究方法論とは，明確に区別される。科学的研究方法論は，仮説を立て，仮説を検証するために実験を行い，汎用的な知見を得ることが目的であるが，授業の場合には，そのような知見は実践的ではない。何故なら，同じ教員であっても，いつも同じ結果が出るとは保障されないからである。つまり，状況依存なのである。そこで必要な知見は，どう

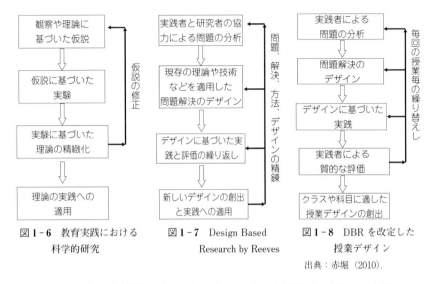

図1-6 教育実践における科学的研究　　図1-7 Design Based Research by Reeves　　図1-8 DBRを改定した授業デザイン

出典：赤堀（2010）．

したらいいかという授業デザインと言える．その方法論を，図1-6と図1-7に対比して示す．

1.4.2　DBRの修正

このDBRを，大学授業改善用に修正した（赤堀 2010；akahori 2011）．その図を，図1-8に示す．ReevesらのDBRと異なる点は，問題の分析から評価まで，すべて授業実践者自身だという点である．小中学校などの授業改善を対象にする場合には，大学の教育方法や教育工学の専門家が，小中学校の実践者と協同して，理論と実践を共有しながら進める方法であるが，大学の授業改善を対象にする場合には，実践者自身が教育方法などの専門家である場合が多い．このような，実践者と研究者が同じ場合に適用する方法であるので，DBRの修正版と名付けた．また，重要な点は繰り返すという点である．この繰り返しが，科学実験のように何度も実験することで結果の妥当性を保証するように，実践の場で，繰り返すことで，その有効性を確認しようとする方法でもある．

授業実践では，主観的・暗黙的などのあいまいな知識を扱うので，その研究手法も，独特な手法で，一般的には他分野との共有化が難しいが，授業毎に繰

り返し，その授業に適したデザインや活動を抽出するという限定をしている。評価の妥当性であるが，対象とした授業に限られるという制約付きという条件と，繰り返すという方法で，限定付きで保証している。図1-8にあるように，効果は，担当教員の主観的な評価であり，授業の終了直後に，記録する方法を用いる。その根拠は，学生からの質問カード，授業中の学生の態度，私語や居眠りの観察，ノートの取り方などで，主観的に記入している。この主観的というあいまいさが課題であるが，専門家，特にその授業を担当した教員が，質問カードや学生の態度，観察で得られた主観は，ある程度の妥当性を保証しているのではないだろうか。

1.4.3　大学授業改善への適用

　この方法を大学授業改善に適用した事例を述べる。学部生対象のこの授業では，次のような特性がある。受講生が100名レベルの大規模人数であること，学部生対象で，教員免許のための選択必修科目であること，教育工学の講義で，テキストを用いていることなどである。以上の条件で，これまでは以下のような問題があった。

① 出席率チェックのあいまいさ

　出席率チェックを紙カードで行っているが，実数が正確ではなく，あいまいである

② 授業評価の結果

　大学全体で実施する授業評価で，平均値よりやや低めの結果になっている

③ 学生の学習意欲の減少

　授業態度について，教員の主観的な印象から授業に対する参加意欲が欠ける

④ 講義による内容理解が不十分

　講義科目であり，基礎的な知識が定着しているかどうか理解が不十分である

⑤ 教員の授業意欲が減少する

　1時限の授業科目であるが，遅刻欠席が増えたり，受講態度が受け身的になったりすると，教員の授業への意欲が減少してくる

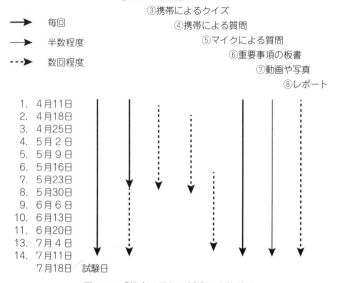

図1-9 「教育工学」の授業の実施結果

　以上の問題点を抽出し，これを改善するための授業デザインを設定し，毎回の授業評価を実施して，授業デザインそのものの評価を行い改善すべき内容を，毎回の授業で繰り返し検証していくというDBRの方法を用いた。その授業デザインは，以下の通りである。

① 技術の適用として，携帯メールを導入する。
② 講義の中に，学生の活動を取り入れる。
③ 講義内容に関連した現実世界の実際を，写真や映像などの資料で提示する。
④ 学習内容の自己チェックを行う。
⑤ 対話ができるような工夫をする。

　その結果を，図1-9にまとめて示す。
　図1-9に示すように，毎回実施した活動と，半数程度，数回程度と，その頻度を比較した。先に述べたように，DBRでは，繰り返し評価しながら，デ

ザインを精錬するので，毎回実施したことは，その科目，そのクラスでは，重要な活動として評価されたことになる。これに対して，中止したり頻度を少なくしたりした活動は，評価結果から，別のデザインを適用したからである。図1-9のように，すべての活動が毎回実施できたわけではなく，科学の法則のように，再現性や客観性など，どの条件下であっても同じ結果を保証できないので，ある活動は数回程度，ある活動は途中で変更するなどの結果になる。これが，先に述べた図1-6と図1-7や図1-8の研究法の違いなのである。

　図1-9から，毎回実施できた活動として，① 携帯メールによる出席，⑥重要事項の板書が，挙げられる。携帯メールによる出席は，このクラスでは，きわめて効果的で，学生にインタビューした結果では，すべての出席が平等であって，不正ができない，という理由が多かった。代返や他の不正な出席処理を知っている学生にとって，授業開始後5分から10分以内で，出席が確認でき，かつ決して代返や遅刻はできないというシステムが，好評であった。平等性を保証することは，今の学生にとって重要なのではないかという知見を得た。また，重要事項の板書は，昔から変わらず，ノートテイキングの大切さを示している。⑦ 動画や写真なども，一貫して効果的な評価であった。これから，教材の大切さが再認識できた。

　他の活動については，たとえば，② グループ活動では，途中からあまりしなくなった。この理由は，時間がかかる，一斉授業で対話することができるようになったなどが，挙げられる。グループ活動は，科学法則のように，必ず授業への参画意欲をもたらすとはいえない。③ 携帯メールによるクイズ，④ 携帯メールによる質問も，前半はきわめて効果的であった。大勢の前で質問することは難しいことは経験上熟知しているが，携帯メールを用いると，書くことに抵抗感が少なく，多くの質問が出ると同時に，優れた質問も多かった。この携帯メールからの質問内容を，スクリーンに提示して，質問者の意見を聞くという方法で，活発な対話ができた。

　同じように，携帯メールを用いて，クイズに回答させるという方法も，きわめて参加意欲を高めた。これを，止めた理由は，そのような道具を用いないで

も，⑤ マイクによる質問が普通にできるように変容したからである。以上の
ように，いかにデザインするかが重要で，得られる知見は普遍的ではなく，科
目・クラス・大学などの状況に依存する。しかし現実的には，そのデザインが，
実践者にとって重要な意味をもつ。

参考文献

Akahori, K. (2011) Revised design-based Research Methodology for College Course
Improvement and Application to Education Courses in Japan, *Educational Technology*,
26-33, USA.

Design-Based Research Collective (2003) Designbased research : An emerging paradigm for
educational inquiry, *Educational Researcher*, 32 (1), 5-8.

Short, J. A., Williams, E. and Christie, B. (1976) *The social psychology or telecommunications*,
London : Wiley.

エレン・D・ガニエ（著），赤堀侃司・岸学（訳）（1989）『学習指導と認知心理学』パーソ
ナルメディア.

ミハイル バフチン（著），桑野隆・小林潔（訳）（2002）『バフチン言語論入門』せりか書房.

佐藤弘毅，赤堀侃司（2006）「電子化黒板に共有された情報への視線集中が受講者の存在感
および学習の情意面に与える影響」『日本教育工学会論文誌』29（4）：501-513.

清水美憲（2002）「国際比較を通してみる日本の数学科授業の特徴と授業研究の課題：
TIMSS ビデオテープ授業研究の知見の検討」『日本数学教育学会誌』84（3）：2-10.

赤堀侃司（2003）『解決思考で学校が変わる』ぎょうせい.

赤堀侃司（2006）『授業の基礎としてのインストラクショナルデザイン（改訂版）』日本視聴
覚教育協会.

赤堀侃司（2010）「大学授業改善の方法論と教職に関する科目への適用」『リメディアル教育
研究』5（2）：169-176.

第 2 章

学びの形と質が変わる

赤堀侃司

　本書は，学びを支える教育工学というテーマである。その支える手段としては，メディアが注目されることはいうまでもない。よくいわれるようにメディアは手段であり，目的ではない。しかし，そのメディアの使い方は，学びの本質と関連していることに，注目しなければならない。本章では，前半で学びの形と質の変化を述べ，後半に，学びの形と質，具体的には，教育課程の変遷とメディアや学習形態の関わりについて，述べている。

2.1 学びの質を探る

2.1.1 TIMSS の課題
　IEA（国際教育到達度評価学会）が行っている国際数学・理科教育調査である TIMSS（Trends in International Mathematics and Science Study）2003年度の問題を取り上げて，始めに問題提起をしたい（国立教育政策研究所編 2005）。小学校の理科で，ろうそくの燃焼の問題である。図 2 - 1 に示すように，大きい容器と小さい容器に，ろうそくを燃やして最も長く燃える容器は何番かという問題であるが，この問題の正答率は，国際平均よりもはるかに低く，最後から 4 番目であった。この年の理科の順位は，25ヵ国の参加国で 3 位であるから，トップクラスであることは間違いない。にもかかわらず，図 2 - 1 の問題の正答率が22位であったことは，そこに何か問題があることは疑いもない。
　その調査結果は，学校で習っていなかったからという理由であった。この問

内容領域：物理・化学		国／地域	正答率
問題の説明：ロウソクの消える様子			

下の絵は、同じロウソクが4本もえているようすをえがいたものです。ロウソクはそれぞれ大きさのちがうガラスのようきでおおわれています。どのロウソクのほのおが一番最後に消えるでしょうか。

① ② ③ ④

正答：②

国／地域	正答率	
キプロス	81 (2.0)	▲
シンガポール	81 (2.4)	▲
オランダ	81 (2.8)	▲
香港	80 (2.0)	▲
ハンガリー	79 (2.6)	▲
ラトビア	78 (2.4)	▲
ベルギー(フラマン語圏)	78 (2.3)	▲
台湾	75 (2.1)	▲
イタリア	74 (2.7)	▲
スロベニア	73 (3.9)	
アメリカ	72 (1.8)	▲
リトアニア	71 (2.7)	●
イギリス	69 (3.4)	●
ノルウェー	68 (2.7)	●
国際平均値	66 (0.6)	
ロシア	66 (2.6)	●
オーストラリア	66 (3.1)	●
スコットランド	65 (2.6)	●
ニュージーランド	63 (2.9)	●
モルドバ	61 (3.0)	●
アルメニア	55 (3.0)	▼
イラン	52 (3.8)	▼
日本	51 (3.0)	▼
フィリピン	47 (2.9)	▼
モロッコ	34 (3.5)	▼
チュニジア	30 (2.8)	▼

図2-1　TIMSS のろうそくの問題

題を見ればすぐにわかるように，容器中の空気の量，すなわち酸素の量が最も多い容器が，最後にろうそくが消える容器であることは，空気と燃焼の関係を理解していれば，容易に正解できる問題である。この結果から，学校で習った問題はできるが，習っていない問題はできない，といえる。一言でいえば，応用力がないということである。習ったことは確実にこなすが，習っていないことは極端にできないという結果からイメージする児童像は，自分の考えをあまり表現しないで言われたことを丁寧に行う，まじめな子どもという印象である。この子ども像は，理科に限らず，一般にいえる日本の子ども像である。そのことを，別の問題から考えてみよう。

第2章　学びの形と質が変わる

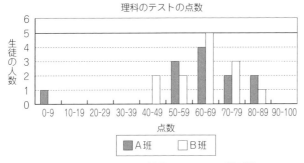

図2-2　PISAの数学リテラシーの問題例

2.1.2　PISAの課題

OECD 生徒の学習到達度調査 PISA（Programme for International Student Assessment, PISA）2009年で公開されている数学の問題例（2003年度の問題）を図2-2に示す（国立教育政策研究所編 2003）。この問題では，AクラスとBクラスのテスト得点の分布を示して，どちらがクラス全体として優れた点数だったかを，考察させている。クラスの平均値だけの比較ならば簡単であるが，この問題では，分散の概念などを用いて，統計的な検定を用いることなく，数学的な根拠を用いて論述するという記述問題であった。

この問題についての日本の順位などについては筆者の調査では明らかでないが，全体的には記述式問題では空欄が多いという結果から，難しいと予想される。この問題を分析すると，成績が良いか悪いかをどう定義するか，平均値の意味，分散などの意味，有意差についての考え方などを，記述することが求められる。したがって，ここで求められる数学的能力は，TIMSS で述べた課題と同じで，もっている知識を応用する認知的能力，すなわち学習指導要領で「思考力・判断力・表現力」と記述されている力であろう。

2.1.3　高校生の国内調査

　小中学生を対象にした全国学力調査は，国語と算数・数学であり，これまでに多くの教育関係者やメディアで論じられてきた。結論的には，基礎基本はできるが応用問題ができない結果で，誰もが納得できた。大人であっても，自分たちの小中学校の経験から，応用問題は難しいと実感しているので，その結果には驚かなかった。しかし，その応用力の中身については，具体的にはあまり知られていない。

　高校生を対象にした，文部科学省平成17年度高等学校教育課程実施状況調査（2007年4月14日）の物理の問題がある（国立教育政策研究所教育課程研究センター2011）。これは生活の中の物理の問題で，家庭の電気コンセントに，電気器具を多く接続すると発熱することは誰でも知っているが，その理由を4選択肢から選ばせる問題で，正解は，「並列接続になるのでコンセントに流れる電流が大きくなるから」であるが，その正答率は35％ときわめて低かった。並列と直列の違いは中学生でも知っている。その流れる電流の計算も，中学生でもできる。しかし高校生が生活の電気コンセントの問題で，並列であることに気づかないのは何故だろうか。この問題を，図2‐3に示す。

　もし直列ならば，電気器具の1つでもスイッチを切ったら，すべての電気器具に電流が流れないことは，回路図を書けば小学生でも理解できよう。並列であれば，コンセントに流れる電流は，スイッチの入っている電気器具に流れる電流の和になることは，回路図を書けば，誰でもわかる。流れる電流が多くなれば発熱することは，経験上知っている。

　この結果から，生活という視点になった時に，思考が停止するのではないだろうかと思われる。教室の物理で習った知識が，生活という場面では，生きて働かないという結果になっている。これは，PISAの問題で述べたように，もっている知識が，現実の場面に適用できない，応用できないということと同じである。以上から，TIMSSの問題，PISAの問題，高校生の全国学力調査も，原因は同じで，習っていない問題はできない，現実場面や生活という場で適用されない，つまり生きて働く知識になっていないといえよう。PISAの調査は，

（3）物理
一本の電気コードにたくさんの電気器具をつないで使用すると電気コードが発熱して危険なことがある。これは，なぜか。その理由を次の①〜④のうちから一つ選び，番号で答えなさい。

図 2-3　高校生の全国調査の物理の問題

「生きるための知識」と言われるように，目的は受験や試験のための学校だけで通用する知識ではなく，この世の中で役立つ知識である。日本の学力の課題は，ここに集約されよう。

2.1.4　子どもから大人までの学力

いくつかの調査で明らかになった日本の学力調査をまとめてプロットした図を，図 2-4 に示す。

図 2-4 のように，見事に右肩下がりの学力になっていることがわかるであろう。小中学校の数学理科の学力は，TIMSS の結果が示すように，世界的にトップクラスである。15歳を対象にする PISA の学力は，10位程度なので，トップクラスよる少し下がるといえよう。大学はどうであろうか。英国 TIMES の世界大学ランキングでは，上位のほとんどは，アメリカとイギリスが独占し，日本は数校しか100位以内にランキングされていないことから，下位に位置すると考えられよう。また，成人の科学リテラシーの国際比較では，たとえば科学技術政策研究所の発表によれば，世界17カ国の参加国のうち，14位であったことから大学と同じように，下位に位置すると考えてよいであろう。

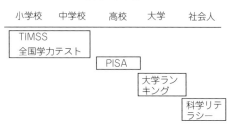

図2-4 子どもから大人までの学力の比較

　以上のように，日本の科学や理科に関する学力やリテラシーは，小中学校から大学や成人になるにつれて下降する，典型的な受験学力ではないだろうか。受験や試験が終われば，興味もなく忘れてしまう18歳までの学力かもしれない。この課題をどう克服するかが求められている。

2.2 これからの学習指導

2.2.1 思考力の指導

　新潟大学付属中学校の数学の授業を見学したが，きわめて興味深い実践であった。
　黒板にアルファベットの文字を張り付けて，これらの文字を対称図形に分類しようという学習であった。いわれてみれば，アルファベットの文字には，このような対称図形が多く含まれている。この教材はよく考えられていて，生徒たちは，アルファベットの文字を，線対称，点対象，その他に試行錯誤しながら分類をしていった。それは，まさに思考する学習であった。与えられるのではなく，生徒たちが考える授業である。このような授業は，日本の教師が伝統的に創意工夫してきたという歴史がある。生徒たちが興味をもって考える授業とは，このような教材や指導法の工夫に負うところが大きい。優れた教材を前にした児童生徒たちは，自然に考え，自然に相談し，自然に解決案を探すのである。

第2章 学びの形と質が変わる

図2-5 新潟大学付属中学校の数学の授業

　ダイオキシンがニュースになって社会の関心事になったことがある（赤堀 2002）。香川大学付属高松中学校の理科の授業で，早速このテーマを取り上げた。理科教室でスクリーンに映っているのは，インターネットに接続された検索画面である。先生は，検索エンジンを使って，ダイオキシンに関するサイトを調べたら，数千件が検索された。この時，生徒たちから「ほー」という声が漏れた。その中である都市のサイトをスクリーンに映した。そのタイトルは強烈で，「助けて，ダイオキシン」であった。食い入るように見つめる生徒たちに，先生は質問する。「どうしてダイオキシンが有害なのか」と聞いても，誰も答えられない。名前は知っていても，実際にダイオキシンに触れたことも，臭いをかいだことも，どんな化学物質なのかも知らないから，当然である。

　そこで先生は，生徒たちに持参させた，ポリ袋，ビニールテープ，発泡スチロール，ストローを出して，「この中で，燃やすとダイオキシンを発生するものがある。これから燃焼実験をするが，それが何かを当ててごらん」と問いかけた。こうなると，生徒たちの目はらんらんと輝く。あのダイオキシンがこれらの中から発生するとなれば，その物質の実験だけは避けたいという危険回避

と好奇心で，猛烈な話し合いが始まった。実験後，その先生はなぜ有毒なのか
を，化学構造のモデルを出して説明した。ビニールテープには塩素が含まれて
いて，これが酸化されてダイオキシンを発生して，有害な作用をするのだとい
う説明は，大学の講義を聴いているような気がした。

　思考力を育てるとは，このような生徒を引き付け，興味をもたせて，考えさ
せる授業をすることが前提であろう。

2.2.2　分析力の指導

　分析力を育てる必要がある。PISA で有名なフィンランドの教育方法は，
フィンランド・メソッドとして広く知られるようになった。その方法でなるほ
どと思った算数の教材があるので，紹介したい（北川 2005）。小学校の算数の
文章題で，以下のような問題である。

問題　オッリは 3 日間かけて，パッラス山の山道を自転車で 115km 走りまし
た。オッリが月曜日に走った距離は 35km，火曜日に走った距離は 48km です。
では，水曜日に走った距離は，どのくらいですか。

これに対して，教科書では次のように文章題を解くための課題が記述されて
いる。

課題
(1) この問題は，何を聞いているのかな？
(2) この文章の内容で，問題をとくために必要なことは，何かな？
(3) この文章の内容で，問題をとくために必要でないことは，何かな？
(4) どうやって問題をとけばいいのかな？
(5) 2 通りの計算方法があります。
(6) 算数の教科書から文章題を 1 つ選び，「文章題の読み方」にしたがって，問
題を解きなさい。（以下，略）

　この課題が面白い。(1)から(4)までは，文章で答えさせる，または言葉で答え
させ，(5)で，ようやく計算式が出てくる。考えてみれば，文章題を解くには，

第2章 学びの形と質が変わる

内容を分析することが必要で，問題を解くために必要な情報と必要でない情報を区別し，その解き方を文章または言葉で答えさせることは，分析力が伴わなければできない。このような文章題を解くとは，背景にある関係を認識することであり，それは言葉で表現できることが大切で，それを算数では，記号や数字で表現している。この算数の文章題の解き方は，分析の仕方，関係の把握の仕方を教えており，興味深い。

このような分析力の指導は，ますます重要になろう。

2.2.3　メタ認知の指導

市川伸一らの認知カウンセリングの研究は，興味深い（市川ほか 2010）。カウンセリングであるから，家庭教師のように教えることはないが，小中学生を相手に，問題のわからない個所や，つまずいている個所を，認知カウンセラーが聞き役になって，相談する活動である。通常のカウンセリングと異なり，算数などの教科の学習についてカウンセリングを行う。

この研究で面白いのは，算数の問題で間違えた個所の理由を，子どもが自己判断して書いた内容と，カウンセラーが聞き役になって子どもが間違えた内容を比較した結果である。子どもは，何が間違えたかを自己判断するが，正確な場合もあればそうでない場合もある。正確に理由を書けた場合は，その子どもは自分が何故間違えたか，どこでつまずいているかを，よく認識できていると言える。つまり，客観的に自分を認知しているわけで，それはメタ認知ができていると言えよう。それに対して，正確でない場合は，何が間違っているかを認知できていないので，メタ認知ができていないことになる。

そこで，カウンセラーの間違いの理由と，子どもの判断の比較をして，子どもが正確に間違いを認知している場合，つまり両者の答えが一致している場合と，異なっている場合，子どもが正しく間違いを認知していない場合で，その後の事後テストの結果と比較した。その結果，一致している場合には，事後テストではその問題に正答し，異なっている場合には，事後テストでは誤答になっていることがわかった。

すなわち，メタ認知ができている子どもは，何が間違えているかその理由を知っているので，その後のテストでは自分で正しく回答できることに対して，メタ認知ができていない子どもは，その後のテストにおいても同じ誤答をすることがわかった。

　以上から，メタ認知を発達させることで，自己修正ができること，自分で自律的に考えることができるようになるといえよう。この意味で，これからの子どもに，メタ認知能力をつけさせる必要がある。実際には，振り返りカードなどを用いて，Reflection をさせることが効果的であろう。

2.3　学びの形を変える

2.3.1　教育課程とメディアの変遷

　図 2 - 6 は，1970年代から今日までのメディアと教育の関わりを示した図である（赤堀 2011）。1970年代は，映像，ビデオ，OHP などの視聴覚機器と放送が中心の時代であった。OHP は文字通り，頭を通り越して投影する機器で，スクリーンに大きく映し出すことができる。それは，一斉授業でクラス全員に情報を伝える道具で，そのキーワードは，効率化であった。より大きく，より鮮明に，よりわかりやすい映像で教育するという考えは，1970年代の高度成長時代に，誰にも受け入れられた。

　1980年代に入って，コンピュータが教育に導入された。コンピュータは，入力・処理・出力によって，情報を処理する機械である。ラメルハートが，人間の情報処理という用語を用いて世界に広がった。確かに，人は目や耳から情報を受け取り，脳で処理し，手や口で表現する有機体と考えることができる。コンピュータの処理速度や記憶容量が違うように，計算がすぐにできる子どももいれば，記憶が苦手な子どももいる。このような個々の子どもの特性にあった教育をするためには，一斉授業ではなく，コンピュータ室で，子どもの学習進度に応じた個別学習が重要ではないかと考えられて，教えるよりも，学ぶことに比重が移った。一人一人にあった学習の実現を目指したが，それには，コン

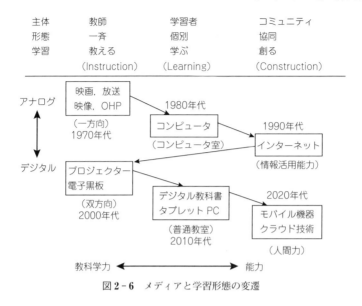

図2-6 メディアと学習形態の変遷

ピュータが最適な道具であった。

　1990年代に入って，インターネットが教育に導入され，100校プロジェクトに代表される協働学習が見られるようになった。プロジェクトであるから，個人ではない。インターネットで調べ学習をする総合的な学習が盛んになったが，その情報源は他人の知恵や知識であるから，個人が学習するというよりも，協同で学習する形態であり，お互いの知識を集めて問題を解決するという方向になった。それは，プロジェクトXのように，皆で知識を出し合い，新しい知識を創りだすことであった。企業や社会の仕組みが，学校教育に導入されたが，そこではインターネットが最適のメディアであった。生きる力とは，学校で生きることではなく，学校を卒業して世の中に出ても生きられる力，生きて働く力のことであった。つまり社会の仕組みがモデルであった。

　2000年代に入って，教室にプロジェクターと電子黒板が導入された。プロジェクターや電子黒板は，一斉授業で使う道具であるが，1970年代に導入された視聴覚機器とは考え方が違った。それは，効率的に情報を伝達することよりも，教師と子どもたちの対話を実現することを目指した道具であった。電子黒

板に投影されたデジタル教材は，単に投影されているだけではなく，書き込むことができた。書き込むとは，その情報に自分の意見を重ねることである。デジタル教材は，子どもたちが，教材と対話し，教師と対話し，子どもたち同士と対話することを可能にした道具になった。1970年代と似ているが，さらに進化した道具であった。

　2010年代に入って，デジタル教科書が盛んに議論されるようになった。デジタル教科書は，紙の教科書に対応した，デジタルでマルチメディアの教科書であり，普通教室で子ども一人一人の机に置く道具のイメージであり，学習者用デジタル教科書と呼ばれている。

2.3.2　教育課程と学習形態の変遷

　図2−7に，教育課程と学習形態の変遷を示す。1960年代から1970年代は，一斉授業を中心とする学習形態で，系統主義カリキュラムの時代であった。そのきっかけは，1957年に旧ソ連が打ち上げた人工衛星の衝撃を表すスプートニックショックであった。人工衛星の成功が，科学技術の成果であることは間違いなく，その基礎になる科学教育をより優れた内容にするために，現代科学技術を取り入れる研究や政策が，アメリカで起きた。巨額の予算が教育に投じられ，その運動が教育の現代化運動と呼ばれた。そこで，新しい教科書や教材が開発されたが，その教材開発に形成的評価という考えが導入された。形成的評価をすることは，ちょうど製品を開発する時に，何度もテストを繰り返して，問題点を洗い出して，それを解決するという改善を行うことが基礎になっている。しかし，どのクラスにも落ちこぼれの子どもは出てきた。教材や指導法を改善しても，どうしても授業についていけない子どもが出てきた。それは，どのような方法であっても，顔や性格に個性があるように，理解度の早い子どもは授業に飽き，理解の遅い子どもは落ちこぼれてしまうという，能力にも個性があるからであろう。メディアでは，視聴覚機器が主役であった。

　人は，製品のように，同じ条件で与えても，同じ結果を出すとは限らない。同じ情報を受けても，受け方や感じ方が異なる。同じ子どもであっても，午前

第2章 学びの形と質が変わる

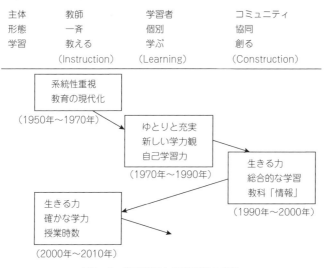

図2-7 教育課程と学習形態の変遷

と午後では、情報の受け止め方は異なるという、人間の情報処理の仕方に、注目するようになった。かくして、自己学習力のような子ども自身の能力をどう育てるかに、変化してきた。それが、1970年代から1990年代の新しい学力観の教育課程になった。人間の情報処理の言葉が示すように、メディアではコンピュータが主役であった。そして、学習形態では、個が学ぶ個別学習の形態が主流になった。

1990年代から2000年代にかけて、ネットワーク社会が登場して、人と人のつながりや、学校と社会が切り離された状況ではなく、インターネットによってお互いがつながっていることを強く意識するようになり、個人の学習過程よりもコミュニティや学習環境を重視するようになった。学習理論では、状況的学習論が主流になって、コミュニティ、学習環境、キー・コンピテンシーなどの考え方が、影響を与えてきた。コミュニティは、生活の場、学習する場、コミュニケーションする場のことであるが、子どもたちの生活の場が変化して、インターネットなどを通した、仮想空間におけるコミュニケーションやコミュニティの比重が高くなった。個人の意識に関係なく、驚くべき速度でデジタル

化が進み，それが，子どもたちの学習スタイルに影響を与え，情報モラル教育の比重が高くなり，正しい情報の活用の仕方を習得する重要性に気づいて，高等学校に教科「情報」を新設し，社会で生きる力を育てることが教育理念になった。メディアは，インターネットを中心とするネットワークであり，協働学習の学習形態の比重が高くなった。

　2000年から2010年において，学力低下や学習態度や基本的な生活習慣の欠如が指摘され，再び教えることを中心とした一斉授業に回帰した。メディアは，デジタル教材や電子黒板が注目されるようになった。以上のように，メディア，教育理念，学習形態などは，強く関連していると同時に，まるで振り子のように，教えることを中心とする一斉授業の形態から，個別学習や協働学習を中心とする学ぶことや創ることを理念とする学習を，行き来している。

2.4　これからの学びの形

2.4.1　学習形態の変化

　メディアや教育課程の変遷で述べたように，デジタル化の方向は，教育理念や教育課程の動向と，密接に関連している。メディアは道具であるが，社会にとって無くてはならない必要な道具は，必ず発明され，社会に広く普及し，教育界にも広がっていく。教育界も，社会の構成要素であることを考えれば，その流れに逆らうことはできない。この意味からすれば，図2-6と図2-7に示したように，メディアは，モバイル機器やクラウド技術を応用して，いつでもどこでも学習できる環境が促進されること，人間力の育成を目的とする教育理念が主流になり，個別学習や協働学習（協同学習）の形態が導入されるであろう。

　教育課程の理念は，教えることが中心（Instructivism）の形態と，個別学習や協働学習が中心の形態（Constructivism）が，時代によって行き来するという考えは，私の専売特許ではなく，その現象も日本だけではない。アメリカの国際会議で，私は，その2つの教育理念と教育哲学は，まるで振り子のように行

き来するという発表を聞いたことがある (Brain 2003)。その通りだと思う。教育という活動や在り方は，1つだけの理念や思想で割り切れることはないからである。振り子のように行ったり戻ったりしながら，らせん的に進歩発展していくという特性をもっているのではないだろうか。教育は科学の法則のように，決定論的に説明できないからである。時代と共に，課題が表れる。いじめ，不登校，軽度発達障害者などの増加，国際比較調査による学力の低下，デジタル化や国際化への対応，保護者への対応，教員の多忙さ，生活指導や児童生徒指導など，多くの課題があり，その対応に追われている。たとえば，生徒指導においても，受け入れる，共感的態度で接するという方法もあれば，きちんと叱る，規則を示し守らせるという，指示的方法もある。1つの方法だけで解決することはなく，学校の置かれた状況に応じて，児童生徒の特性に応じて，地域の文化に応じて，教員の資質に応じて，というように，多様な対応がある。

ICTやメディアは，それらの課題に対する解決の1つとして，光と影に注意しながら注目されてきた。本小論で述べた内容は，主に学習指導や学力に焦点を置いているが，他の課題に対しても，いくつかの試みがある。たとえば，軽度発達障害児に対して，ある学校では教室にPCを置いて，個別に学習することで効果を上げている。不登校の中学生に対して，電子メールで登校できるようにした実践がある。ホームページを活用して，保護者との対話やコミュニケーションを回復した事例がある。教員が，安全な方法で自宅と学校を結んで校務処理をすることで，多忙さを解決する試みをしている教育委員会がある。

このように考えると，ICTという道具は，教育のさまざまな活動において，子供や教員を支援している。ただし，デジタル化の波が急速で，人がついて行けない面や，教育という最も人間らしい営みから，その波に待ったをかける場面がある。それが，デジタル化の光と影であるが，時代は，デジタル化に正しく対応することを要請している。学校は，それに応えなければならない。それが，医療の情報化，行政の情報化と同じように，教育や学校の情報化の流れである。その流れは，今後も止まることはない。

図2-8 山梨大学付属小学校のコンピュータ室の授業

2.4.2 メディアを介した個別指導

　図2-8は，山梨大学付属小学校のコンピュータ室における授業風景である（赤堀 2002）。よく見られる風景である。コンピュータを前にして子供が自分で調べていると，わからないことが出てくる。操作の仕方がわからないという単純なこともある。操作の仕方の中でも，コンピュータの画面からのメッセージが理解できないことも多い。どういう意味かわからない。話は横道にそれるが，授業中にわからない時の子供の心境は，このような世界であるかもしれない。教員の説明がわからないのである。説明を聞けば聞くほど，わからなくなってくる。ちょうどコンピュータ画面からのメッセージを読んでわからないと同じように，頭が整理できない。ヘルプボタンを押しても，違った答えが返ってきて，またわからない。次から次へと理解できない内容がつながって，最後はあきらめるという状態になる。こんな時，側に家庭教師がいて質問に答えてくれると，ほっとするであろう。側にいて気軽に聞ける人の存在が，有り難い。教室で言えば，いつも側にいるのは先生ではなくて，子どもたちである。だからコンピュータ室では，すぐに側の子どもに聞ける。しかし一斉授業の教室では

難しい。大人であっても同じである。講堂のような大きな部屋で講演を聞いている時は、誰でも気軽に質問できない。ましてわからなくなった時は、その講演の途中であるから、話をさえぎることになりとても無理である。一斉授業スタイルが対話的でなくなるのは当然かもしれない。一斉授業で、隣の生徒同士で相談する時のざわつきは、むしろ自然なことかもしれないのである。しかしコンピュータ室では、その相談がきわめて自然にできることの意味が大きい。

　隣の生徒に聞いてもわからない。後ろの生徒に聞いてもわからない。どうしてもわからなくなったとき、手を挙げて先生をその席まで呼ぶことになる。そして質問をする。写真は、そのような風景であった。わかると、満足感が子どもの顔に現れる。先生と子どもがこの写真のように、側にいて家庭教師のように顔をつき合わせながら質問し答える姿は、文字通り個別学習といえる。CAIだけが個別学習ではない。

　ある荒れた中学校があった。音楽の時間であった。その教師はコンピュータが得意ではなかったが、生徒が興味をもってくれればと思って、コンピュータ室で授業をした。いつもふてくされて決して教師の言うことを聞かない生徒がいた。コンピュータ室を回っていると、その生徒から手が挙がった。質問を聞くと、簡単な音符に関する質問であった。日頃その生徒から質問を受けたことがなかったから、その教師は思わず嬉しくなって、丁寧に教えた。そしてようやく意味ができたのであろう。その生徒が「先生、ありがとう」と言った。おそらく初めてとも思えるその生徒からの反応に接して、思わず胸が熱くなったという。わかることは素晴らしい。そして何のハードルもなく自由に質問し答えられる環境は、さらに素晴らしい。個別学習はこのような環境において実現できる。メディアを介して、対話ができ学習ができる。

　近年、このようなメディアを介したコミュニケーションを、CMC（Computer Mediated Communication）と呼んでいる。メディアを介することで、対話しやすくなる場合もあり、逆にしにくくなる場合もある。いかにメディアを活用するかにかかっているが、この生徒は一斉授業で感じる垣根が無くなったから、質問が出来た。そして素直に感謝の言葉が言えた。メディアが、生徒

と教師の間の垣根を低くしたのである。

2.4.3 協働学習

　図2-9の写真は，筆者にとって忘れられない。実に鮮やかに，そしてくっきりと，月の見え方の違いを示している。赤道近くのシンガポールで見る月は，右側が光っているが，南半球のオーストラリアのパースで見る月は，左側が光っている。その違いは，誰の目にも明らかである。日本で見る月の見え方も提示したかったが，ここではお許しいただきたい。これは，1999年に行った日本人学校の月のプロジェクトである。何故この写真が忘れられないかは，1982年にコンピュータシミュレーションで，月の見え方ソフトを開発して，海外日本人学校に写真を送った経験があるからである（赤堀 2002）。

　当時筆者は，東京学芸大学海外子女教育センターに所属していた。日本人学校は，海外に赴任した保護者の子どもたちが，日本と同じカリキュラムに従って学ぶ学校である。この学校では，日本で採択率の最も高い教科書が送られているが，自然や文化環境が異なるので教科書をそのまま利用することができない。教科書だけに限らず，日本の環境や考え方をそのまま海外の日本人学校に適用することは困難なことが多い。これについてはさまざまな議論があるが，ここでは省略しよう。

　いずれにしても，教科書では北極星を中心にして星が公転すると記述されているが，オーストラリアではむしろ南十字星を中心にして学習したほうがやりやすい。というより，北極星が見えない。月の学習も同じであった。そこで当時筆者は，月の見え方のシミュレーションソフトをコンピュータ上で開発した。観察日時と観察緯度と観察の方向を入力すると，シミュレーションプログラムが計算して，どの位置にどのような形状の月が観察できるかを，コンピュータ画面上に表示できるソフトであった。ずいぶん昔のことであるので，日本人学校にはパソコンが無かった。だから，パソコン画面を写真にとって，どの地域にはどのような形状で観察できるかを写真集にして，すべての日本人学校に送った思い出がある。しかし，これもあまり実用的でなかったので，地域に応

第2章 学びの形と質が変わる

1999年10月19日（火）
シンガポール

1999年10月19日（火）
パース（オーストラリア）

図2-9 月の見え方プロジェクト

じた星座早見盤を開発して，日本人学校に送った。アフリカのナイロビ日本人学校で，先生と生徒たちが，筆者の開発した世界適応型星座早見盤を使って，星座の観察をしている様子の写真とレポートと子供たちの感想文を送ってもらった時は，感動した。

月の見え方は，同じ観察日時であっても，緯度によってその形状が異なることは当たり前であるが，これを説明することはなかなか難しい。そこで，このシミュレーションソフトを用いて，東京学芸大学の学生に議論させ，そのプロトコル分析から，いかに科学的な推論が困難であるかを実証した。それは論文としても発表したが，月のプロジェクトは，それをインターネット上で実際に小学生が行った実践研究であった。このプロジェクトの参加校は，千葉県の中原小学校，オーストラリアのパース日本人学校，エジプトのカイロ日本人学校，香港日本人学校，ブラジルのブエノスアイレス日本人学校，シンガポール日本人学校の6校であり，地球上のさまざまな場所に位置している学校が，同じ日時に月をデジタルカメラで撮影して，これをメールで送って香港日本人学校の電子掲示板にアップして比較するという方法であった。やがてこの実践は，子供達の興味を喚起した。何故このように異なる形状になるかを，電子メールで議論するようになった。この議論は，まさに科学の議論そのものであった。このように協働学習は，インターネットの教育利用の時代に実践されたが，これ

39

からの時代にも，生きる実践になろう。

参考文献

Bain, J. D. (2003) Slowing the pendulum : Should we preserve some aspects of instructivism ?, In D. Lassner & C. McNaught (Eds.), *Proceedings of World Conference on Educational Multimedia, Hypermedia and Telecommunications 2003* (pp. 1382-1388). Chesapeake, VA : AACE. Retrieved from http://www.editlib.org/p/11129.

国立教育政策研究所教育課程研究センター（2011）「平成17年度高等学校教育課程実施状況調査」

　http://www.nier.go.jp/kaihatsu/katei_h17_h/index.htm（2011年9月現在）

国立教育政策研究所編（2003）『生きるための知識と技能 OECD 生徒の学習到達度調査（PISA）』ぎょうせい．

国立教育政策研究所編（2005）「TIMSS2003 理科教育の国際比較——国際数学・理科教育動向調査の2003年調査報告書」ぎょうせい．

市川伸一ほか（2010）「認知カウンセリングから提案する新しい授業のあり方（II）（自主シンポジウム）」『日本教育心理学会総会発表論文集』（52）：144-145.

赤堀侃司（2002）『実践に学ぶ情報教育』ジャストシステム．

赤堀侃司（2011）「教育課程におけるデジタル教科書の役割と今後の課題」日本カリキュラム学会第22会大会発表要旨集録，127-128.

北川達夫／フィンランド・メソッド普及会（2005）『図解フィンランド・メソッド入門』経済界．

第3章

大学の授業を変える

赤堀侃司

　大学の授業改善は，永い間タブーの世界に置かれていた。しかし，大学のFD が義務化されて以来，大きな課題となって，今日に至っている（谷川 2012：赤堀 2012）。どの大学でも大学の授業改善は，日常的に行われ，小中学校と同じように，授業参観も珍しくなくなった。教育の内容から方法へと，明確に流れが移ってきた。それは，希望者は選ばなければ，基本的に誰も入学できるという大学の大衆化と無関係ではない。そこに，学生を引き付ける技法が注目されている理由であるが，まだこれらの技法を体系化するには至っていない。そこで，本章では，筆者の事例を中心に，紹介したい。

3.1　シラバスとは

3.1.1　大学の保護者会

　大学の保護者会に出席した時である。保護者会というのは，学生の保護者，つまり両親等に集まってもらい，教職員が最近の大学の事情を説明する会のことである。はじめは，とまどった。小中高等学校では，3 者面談という保護者と児童生徒との面談がある。主に進路相談などであるが，同じ会が大学でも行われている。しかし，とまどう必要はまったくなかった。

　ある保護者会の時に，経営学の先生から「保護者会は，結局株主総会だよ」と聞いた。そこで私は初めてその意味を知った。まさにその通りだ。株を持っている人は株主である。その株を買っていただいたお金を元に，事業を展開し

ていく訳で，経営者や従業員はその株主に対して総会を開いて，「私どもはこのような形で仕事をしております，今業績はこのようになっております，このような課題がございます」というように，委託された仕事の内容について説明する義務があり，その発表の場が株主総会であった。同じことが，この保護者会だということを，教えてもらった。

しかも，大学の株主への対応の仕方は，世間の企業とまったく事情が異なっている。学校と社会のシステムの違いと言ってもよい。企業においては，商品を買ってもらった後に代金を頂くというのが通常であり，万が一にも商品にどこか欠陥があればひたすら平身低頭して謝る，というのが社会通念の商品売買のシステムである。

しかし，高等学校や大学における学校のシステムは違っており，初めにお金をもらう。入学金あるいは授業料という代金を払わなければ，授業を受ける権利がないのである。授業を受けさせないという論理が成立する世界である。つまり，商品の先払いシステムである。さらに，試験をして学生の成績が悪ければ，自分の講義や授業の方法がまずいというよりも，学生の勉強が不足しているのだ，という正統的な理由によって，単位を落とす等の処置をするシステムになっている。単位を落とせば，もう一度履修しなければならないので再び授業料をもらうという，いわば殿様商売のようなシステムになっている。

とするならば，株主総会と同じように，せめて保護者会を開いて，成績の付け方，単位の認定の仕方，就職の状況，卒業研究の方法など，現状を報告し，個々の保護者との面談をして，説明責任を果たすのは当然だと思われた。私は，保護者会に対する見方が変わった。

3.1.2　受験生の立場の変化

国立大学が法人化されて久しい。2004年から実施されているが，この時から大学教員の意識が変わった。少なくとも，身分が国家公務員では無くなったので，私学の教員と同じ身分になった。つまり，国からの運営費交付金という大学に支給される予算が少しずつ減額していき，学生からの授業料の比重が徐々

第3章　大学の授業を変える

に増加してきた。国からの予算と学生からの授業料との比率は，国立大学法人と私学ではかなり差があるが，仕組みとしては同じである。少なくとも，学生からの授業料で，自分たちの給料が支給されているのだという意識が，少しずつであるが芽生えてきた。

　これまでは，先に述べたように，殿様商売の典型のような在り方であった。国から給料をもらい，身分を保障され，大学の自治で守られて，自分達のことは自分達で決めるという立場から教授会の決定事項は遵守された。法人化以降，教授会は最高議決機関ではなくなった。大学を経営する側の意向が重視されるので，私学の経営と基本的には同じになった。私学では，先に述べたように，保護者会のような仕組みがあって説明責任を果たしている。経営状態の良否が，大学運営で最も重要な課題になる。

　今年は何名が大学受験をして何名に合格通知を出したかという競争倍率は，最も重要な数値である。まして定員割れになれば，ますます受験生が敬遠するから，文字通り死活問題になる。どのようにして大学の入り口である受験生の確保をするかが重要な課題で，どの大学でも専門家が受験傾向を分析しながら，入試を行っている。したがって，入試課の担当職員の分析や仕事ぶりは，文字通りプロの仕事であり技である。入学試験の得点のどこから合格ラインを引くか，大学入試センター試験の結果や，国立大学法人の試験との併願があるので，どの得点で合格通知を出すかは，これまでの経験と今年の傾向とを合わせて，勘も含めた鋭い分析が必要とされる。国立大学法人では，私学のような厳しさはないにしても，法人化以降どの国立大学も同じ研究費という訳にはいかなくなった。経営状態の良否によって研究費の金額は異なってくるので，全国同じ配分ではなくなった。私学と同じ論理である。

　さらに，大学のPRも重要な役割を果たす。主な高等学校には，出前訪問して広報しなければならない。あるいは，高等学校からの要請に応じて，大学の講義の内容などを説明する必要が出てきた。PRのためのDVDを制作して配布するようになった。文字通り，受験生がお客さまになったのである。

3.1.3 シラバスは商品の契約

先に述べたように，国立大学も法人化以降，立場が変わった。殿様商売からの脱却を求められてきた。私学の大学は，元々受験生あっての大学という意識は高いが，それでも昨今の少子化に伴う受験生の確保の命題には，誰も異議を唱えることはできない状況になった。いろいろな取り組みが出てきた。先に述べた，保護者会の開催，オープンキャンパスによる受験生へのキャンパスの解放，高等学校への訪問や出前講義，高大連携による協力関係，専門家による入試の分析，専門家による就職や進路への支援など，入り口から出口までさまざまなサービスや支援を実施している。入り口と出口があれば，その中身があるわけで，それが教育内容や方法であり，言わば商品そのものである。

商品価値があるかどうかは，誰も買ってみなければ，あるいは使用しなければわからない。そこで，この商品には，このような特徴があります，このような効用がありますというパンフレットを作成する必要がある。商品カタログである。そのカタログを読んで，買おうかどうか消費者は決めるのであるから，それは必須である。その商品カタログが，シラバスといえる。

シラバスの書き方には，およその様式はあるが，詳細は担当教員が決める。科目の目標，内容，成績評価の仕方，教科書の有無，参考図書などであるが，私も初めの頃は，書き方など重要ではないと思っていた。重要だと認識したのは，2000年かそれ以前だからかなり昔であるが，ある学生から言われた言葉であった。私は，ある時どうしても抜けられない用事ができて，やむなく休講にしたことがあった。数日前に掲示板に張り紙をして補講を行うという知らせをしたので，安心していた。その学生は，「１限の授業なので朝早く来たが，休講だった。張り紙で確認しなかった自分も悪いが，数日前だと授業の関係で見られない時がある。朝早く来るのは電車が混み合って大変で，ましてそれが休講だと，その日の予定がすべて狂ってしまう。今後は，このような休講はなるべく避けてほしい。そして早めに知らせてほしい」と言われた。

確かにその通りである。少し事情を説明する必要がある。私は当時，理系の大学に勤めていて，先の休講の出来事は非常勤講師を頼まれていた文系の私学

44

第3章　大学の授業を変える

【教　　材】
以下の図書を、教育方法論、教育課程論、教育基礎論の共通テキストにする
赤堀侃司（著）「授業デザインの方法と実際」（高陵社書店、2009年）、￥1,78

【成績評価の方法・基準】
基本的には、出席点（20％）と作品とレポート（10％）と定期試験（70％）

【履修のポイント・注意点】
教育方法論は、実践的な力を身につけることがねらいであり、欠席すると作
十分注意すること。また、理論的な学習も重要なので、理解するように、講

【科目内容の位置付け】
教職の免許を取得する学生にとっては、必修科目であり、教育学の基礎的な

【前提・関連科目（科目間関連の内容）】
　関連科目として、教育課程論、教育基礎論、教育制度論、教師論がある。

図3-1　シラバスの事例

の大学のことであった。理系では，学生はほぼ毎日研究室に出入りしていて，授業は研究室から教室に出向くというスタイルであったから，生活の中心は研究室にあるという考えであった。それが文系では違っていた。私が文系の私学の大学に勤めていたときは，決して休講にしないと決めており，実際に一度も休講にしたことはなかった。

　私が知ったのは，学生には予定があるということである。それは，商品を売るという企業の論理に立てば当たり前のことであるが，当時の私にはその認識がなかった。だから人気のない商品だったに違いない。学生はお客様という意識の変換は，なかなか難しい。それ以降，私のシラバスには日程を明記した。あるいは第1回の授業で，予定を明確に書いた表を配布した。何月何日には，どんな内容を，どんな教材で，レポート課題があるかどうかなどを明記して，決して予定を変更しないように自分に課した。それが異なれば，商品カタログに誤りがあることになる。

　この話を高等学校の先生方の研修会でしたら，実践された先生がおられたが，その後の効用につては聞いていないが，高校生であっても，相手の都合を尊重

するという意識の変化が必要かもしれない。その意味で，シラバスは，教員と学生・生徒との契約ではないだろうか。

3.2 授業評価の受け止め方

3.2.1 授業評価の課題

「お客様は神様だ」といった有名な歌手がいたが，学生や生徒はお客様だというと少し誤解を与えるので，言い訳しておきたい。確かに国立大学の法人化以降，私学の大学の在り方など考えると，大学のシステムが社会のシステムに近づいてきたことは，間違いない。一言でいえば，市場化原理である。消費者が商品の良し悪しを決定する論理であるが，大学や学校という教育機関には別の論理もある。教育という機能であるが，これについてはここでは言及しない。ここで述べたいのは，学生の言うことをどう受け止めるかである。

学生からの直接的な評価は，授業評価であろう。確かに学生が教員の授業の良し悪しを評価するのであるから，市場化原理に基づく方式である。大学の授業改善に関する研究発表を聞くと，授業評価を高めるにはコツがあって，それで授業の質が向上するわけではないという報告がある。シラバスをしっかり作り，丁寧に授業を実施し，きちんと定期試験を行うほど，授業評価が低くなるという報告もある。単位を取りやすくすること，試験を易しくすることなどで，授業評価は高くなるという報告もある。もちろん，この報告がすべてではないが，授業評価の別の側面を語っている。

ある若い大学教員から，相談を受けたことがあった。「どうしても，授業評価結果が向上しない。自分ではかなり努力しているつもりだが，その理由がわからない。自分の所属する学科では，トップからビリまで授業評価結果が公開されるので，この時期になると，ゆううつになる。結果の公表だけでなく，どうしたらいいか，その処方箋を教えてほしい」と言われたことがあった。

研究面での業績は優れていて，その分野の学会で活躍している人材である。現在の授業評価では，どうなったかという結果の分析はできるが，どうしたら

いいかという解決案を提供することができない。これが教育界の難しい課題であり，医学と異なる面である。医者であれば，処方箋を提供して患者を回復させることができる。しかし教育界では，教員にどうしたらいいかという処方箋を出すまで発達していないといってよい。このように断定することは微妙であるが，この処方箋を目指している教育の研究分野は，教育工学，特にインストラクショナルデザインだと思われるが，この分野の研究者の実感としては，上記のように発達していないといえる。それはたとえば，同じ教員，同じ内容，同じ学生であっても，午前と午後，昨年と今年，大学の違いなどで異なるという実情だからである。つまり，授業とは状況依存なのである。

3.2.2 授業評価の多様性

先の若い教員の相談に戻そう。私は，優れた研究者であるが授業で悩んでいる若い教員からの相談に対して，残念ながら適切な処方箋を述べることはできなかった。但し，私は学生の評価で落ち込む必要はないと思っている。それは，自分自身がそうだからである。

他人から評価されることは，誰でも気になる。それは自分の欠点を指摘されるからである。自分でも努力しているが，どうしても授業評価に反映されない時に，気持ちが沈むのである。だから，先の若い教員の気持ちがよくわかった。現在の授業評価は分析だけである。どうしたらいいかという解決案を提示してくれない。先の若い教員も，そのことを私に訴えたかったのであろう。その気持ちは今になってよくわかるが，どうしようもなかった。

今になってよくわかるという意味は，前の勤務校とその後の私の勤務校が，校風も文化も伝統も価値観も違っていて，前任校の経験が活かされないもどかしさがあったからである。前任校では，授業評価の結果が常に上位レベルだったので，大学の教育賞を受賞したことがあった。しかしその後の私学の授業評価では，全体の平均値レベルか，それより低いことがある。先の若い教員と同じくらい，ある時期になると気持ちが落ち込んだ。どうしていいかわからない状態が続いた。

私が以前に頼まれて非常勤講師をしていた大学で，非常勤講師室でよく雑談をした。ある教員は，「教室のドアを開けると，出席人数が減っていることがすぐに目に入る。それがつらくて，無言で私たちはあなたの講義を聞きたくありませんと言っているようで，教員であることの存在自身を否定されているようで，ドアを開けることが怖いことがある」と言った。その通りなのだ。授業で苦労している教員は，誰でも共感するであろう。その数値の比較が授業評価なのである。結果だけは公開するが，どうしていいかは教えてくれない。

　ここで，不足を言っているわけではない。どの社会でもどの組織でも日常的に同じ事態がある。営業の成績，テレビの視聴率，技術者への要求，経営者の経営状態など，どの仕事も同じだから不足を言っているのではない。市場原理にしたがって，大学も授業評価という数値目標が設定されている。

　しかし，この数値は変動するのである。前任校で良かった評価が別の大学では劣るのである。それは，科目の特性，学生の価値観，文科系と理科系の違い，教室の規模，講義かゼミか，履修目的の違い，伝統や校風など，多くの要因が重なっているからである。したがって，その現状に沿って教え方を変えるしかない。

　しかし対象が変われば，評価はすぐに変わる。私がその後の私学の大学で，社会人を対象にしたマネージメント人材育成の授業を，２コマ行ったことがある。その内容は通常の授業と同じであるが，社会人に講義した時は，少人数であることや議論を中心にしたことなどの違いはあるが，評価はきわめて高かった。またその後の私学の大学は教育学部なので教員養成の看板を掲げている関係上，免許認定講習や免許更新研修など，現職の小中高等学校の教員を対象に講義を行う場合がある。現在の小中高等学校の免許制度では10年間は保証されるが，その後は免許更新の研修を受講しなければ免許が取り上げられるという制度になっているので，200名という大人数の先生方を相手に講義をする。しかも100分という長丁場である。このような大規模人数になると質疑応答は難しいので，どうしても一方方向の講義になるが，それでも評価はきわめて高い。同じ内容，同じ講義，同じ教材，同じ話し方，より多い受講生であっても，対

象が異なれば評価はまったく異なる。

　このように，自分の講義内容や講義スタイルは，それ自身に価値があるのではなく，対象とする相手との関わりによって異なってくるのである。それも，今年と昨年では，微妙に異なる。それは，講演でも同じである。私の場合は，学校の教員を対象にした講演が夏期休業の時期に集中するが，同じ内容，同じ教材，同じ話し方，同じ時期であっても，反応がまったく異なる場合がある。何だろうと不思議に思うくらいである。

　上記のように考えると，授業評価という数字は，受講生の平均値である。個々の受講生によって，その受け止め方は大いに異なっている。受講生の履歴はさまざまであり，受け止め方もさまざまである。

3.2.3　評価への対応の仕方

　それでは，その評価にどう対応するかである。もう一度繰り返すが，評価は相手によって異なる。それ自身で価値が決まるのではなく，相手の受け止め方や感じ方によって異なる。したがって，その結果を知って，どうしたらいいかと対応を考えることから始めるが，対応しようとする意欲も出ない場合がある。それが最初の問題である。どうしようかと考える気力があれば，なんとかなるが，評価結果にとらわれて投げやりになってしまうことが怖い。

　それは授業評価に限らない。どんな仕事もどんな活動も，およそ評価を伴う場合には，投げるか取り組むかで，その後の活動が分かれてしまう。たとえば，投稿論文の評価結果にどう対応するかということも同じ課題である。審査結果が厳しい時には，その審査結果を見ることさえできない。なるべくその審査結果の紙を見ないように，机の中に閉まってしまうこともある。しかし締め切り期日が近づくと，どうも気になって仕方がない。人間とは，いかに弱い動物かと思うことがある。どんなに経験を積んでも，厳しい審査結果を目にすると，気が弱くなってしまう。気持ちが落ち込むことがよくある。

　私は，誰かと話をするようにしている。誰でもいいが，他人に話すと気が楽になるし，簡単にその話題に入っていける。話すということで，その話題に取

49

り組んでいるのである。逃げていないことにつながる。やがて，審査結果の紙を机の上に広げることができる。初めの1ページだけを読むと，すでに問題は解決しているといってよい。なんだ，こんなことかと気づくことが多いからである。厳しい審査という現実を，私たちはまるでまだ見たこともない巨像のような大きさに感じていることが多い。自分で勝手に想像しているのではないだろうか。審査結果を読むと，なるほどこの人はこのような感じ方をしていたのか，このような受け止め方をしていたのかと，審査する人の気持ちを知るようになる。審査する人の気持ちがわかると，すでに対応ができている。

　論文を投稿した学生の研究指導で，私は上記のように話している。初めての論文を投稿して，それこそ天下を取ったような気持ちで高揚している学生が，厳しい審査結果を受け取ると，その気持ちの落ち込みは大きい。落ち込むとはよく表現していると思うが，文字通り，谷底に吸い込まれるように，落ち込むのである。落ちこぼれも同じ心境だと思う。その学生指導は，上記のように初めの1ページが開けると，問題は解決しているといってよい。多くの場合審査結果の要求は，同じ原因に帰属することが多く，1つの課題を解決すると，その他の多くの要求も芋づる式に解決できることが多いのである。したがって，最初の1ページが肝心なのである。指導教員との話し合いによって，文字通り同じ問題を共有しているので，気が楽になる。学生は元気になれるのである。

　同じことが，授業評価についていえる。最初の仕事は，評価結果を見ること，学生のコメントを読むことで十分である。落ち込んでいる時は，その紙さえ見たくないし，見ないようにしている。それが難しい時には，同僚や家族や友人など誰でもいいから，話すことである。話すことで逃げなくてすむ。どうしたらいいかのヒントをもらうことができる。そして，自分が勝手に想像していることが，そんなに厳しいことではないことがわかってくる。それは，論文審査と同じで，相手の気持ちを知ることにつながる。受講生の気持ちになってみることである。90分は長いので，どこかで活動を取り入れたらどうだろうかとか，パワーポイントの提示が早すぎるのでノートができないとか，コミュニケーションができていないとか，いろいろな対応策を思いつく。それができれば，

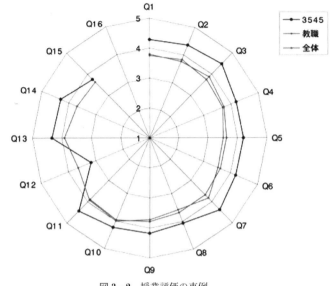

図3-2 授業評価の事例

次に進むことができる。

　このように考えると，授業評価の対応は，特別な方法ではなく，一般の仕事と同じであり，それは知恵とか処世術のような内容になってくる。真実とは，このようにどこかで共通した方法を含んでいるように思われる。

　なお，図3-2は，筆者の授業評価の例である。

3.3　出席の確認をする

3.3.1　出席確認の難しさ

　大学と小中高等学校の違いの1つに，出席確認がある。この当たり前のことが，大学では難しい。出席表を教室で回覧すると，欠席していても，自分以外の友人の出席欄にチェックする学生がいる。このような誰でも自由に書き込め

る様式では，正確に出席管理ができないことは当たり前であろう。

　そこで出席表の工夫をする。1つは，教卓に出席表を置いて学生がチェックする様子を監視する方法である。しかし常に出席表を監視することは難しく，教材を広げたり，パソコンの電源を入れたり，資料を確認したり，授業が始まる前にはいろいろな作業が発生するので常にという訳にはいかない。その隙に，2名分のチェックをするという大胆な学生が出てくる。100名以上の場合には，すべての学生の顔を覚えていないので，出席チェックのために同じ学生が2回教卓に出てきても気がつかない。かつてはこのような現象はほとんどなかった。出席表を回覧しても，出席のチェックを疑うというようなことはなかった。そのこと自身に意味がないことを，学生も認識していた。

　しかし何故か近年の学生は，なんとか楽をして出席を稼ぎたいと思うようだ。そこにどのような意味があるのか，まだ私には理解できない。そもそも出席をとること自身に意味があるのかという疑問を，教員の誰もがもっている。自分で興味をもって勉強することが大切で，出席することが目的化していることに，疑問を持っているのである。最近の学生は，成績の評価，出席回数の確認，レポートの結果確認など，すべて細かいところまで気にしているようだが，その理由がまだわからない。私たちが大学で受けてきた時代とは，何かが異なっているようだ。それは何だろうか。

3.3.2　学校化ということ

　大学が学校化してきたということであろう。小中高等学校で出席をきちんと確認することが重要であることは，いうまでもない。まるで小中高等学校の児童生徒を相手にするように，出席を正しく確認し，レポートや日常の授業態度や定期試験の結果などの配点を明示した成績をつけ，授業回数をきちんとこなすなど，何事も公明に授業の計画から評価までを行うのである。

　京都大学の田中毎実は，その特徴を次のように述べている。

　　　自律性を疑わせるほど異様に高い授業への出席率，授業中の私語やメー

ル交換などに見られる在来の学習文化の解体，学習意欲を含む全般的な意欲の低下などである。真面目に授業に出席するが，受身的な授業態度の学生が多くなったのである。

学校化という用語で思い出すのは，イリッチの脱学校論である。イリッチは，学校という組織は，卒業資格などの取得や良い成績をとること自身が目的になって，本来の学ぶことの意味や知への探究などの学校がもっている機能がゆがめられてきたことに対する警鐘をした学者である。インターネットの教育利用が盛んになってきたとき，学校の垣根を超えて優れた教育実践が盛んになってきた時も，イリッチの脱学校論は，議論された。

私もいくつかの思い出がある。たとえば，海外にある日本人学校を結んだ月のプロジェクトの実践があった。シンガポール，オーストラリアのパース，日本，ブラジルなど，海外にある日本人学校で，同じ月日の同じ時刻に見える月を，デジタルカメラで撮影して，Web にアップするというプロジェクトであった。南半球と北半球で見る月の形状は，違う。同じ三日月であっても，欠けている部分が下方であったり右側であったり，観察する緯度によって異なるのである。このプロジェクトに参加した小学生達は，その月の形状を見て興奮した。電子メールで盛んに議論し始めた。何故このように見えるのか，知恵を絞ったのである。当時，私は大学生に，学習理論の講義で問題解決の例として考えさせた。このような試みは，小学校の学習指導要領の範囲を超えており，成績にもあまり反映されない。地域も超え，小学生も大学生も関係ないという学校も超えて，文字通り探究する実践であった。

このような学校の垣根を越えて活動をする時，小中学校の子ども達も大学生も夢中になって取り組む。それを自律と呼ぶなら，まさに子ども達は自律的に学習した。今日の大学の学校化は，田中毎実のいうように逆の方向に向かっているようだ。学生を形容する言葉に，「まったり」がある。何事にもあまり興味を持たず，他人と争うことを好まず，自宅でゲームや携帯メールなどで，ゆったり過ごす若者のことで，最近では海外旅行や車の免許の取得などにも

クールな学生が多いと聞く。その意味で，大学生が児童生徒と同じように，良い子になりつつあるのではないかという回帰現象とも呼ぶべき現象が，学校化といえるであろう。

　ある国立大学の教員と雑談したとき，彼は「学生が授業中に，すみませんが，帰らせてくださいと言うので，何故だと聞いたら，自宅に携帯電話を置き忘れたので，今から取りに帰るのでと答えたには，驚いた。授業よりも，携帯電話のほうが大切で，しかも真面目な学生で欠席や遅刻をしない学生なのだが」と語った。真面目であるが，携帯電話は出席より大切な道具のようだ。友人関係は，彼らにとって最も大切なものであるらしい。その意味では，やさしく思いやりのある人間像が浮かんでくる。学校化して，学生たちの性格もやさしくなって，競争もしなくなったのだろうか。

3.3.3　公平であること

　さらに，公平さを求める気風がある。小中学校の時に思い出す言葉に，「えこひいき」がある。あの先生は特定の児童生徒に目をかけているという噂は，どの学校でもあった。子どもたちの関心事であった。大学でもあるかもしれないが，あまり聞かない。しかし同じ考えに基づく現象は多い。先の出席確認においても，成績についても，公平さが求められる。

　成績結果について，学生からの異議申し立てを受けるという経験をした。その場合には，教員はきちんとその根拠を明示して回答しなければならない。幸い，私は文字通りきちんと処理しており，どこからクレームを言われても文句のないように完全な処理をしていた。表計算ソフトで処理を行って，レポートの配点から成績の分布や授業中に回収した質問票の回数に至るまで，丁寧に記録している。しかし，これは相当に時間のかかる仕事であって，教員としての創造的な仕事ではない。これも大学の学校化のひとつであろう。これまでの大学教育が公平でなかったのか，成績や出席を重視していなかったのか，教員が適当に授業を考えていたのか，どちらが正しいのか議論の分かれるところであろう。しかし，ここで不平を述べているわけではない。学校化に対する問題点

を指摘することではなく，どう自分が対応するかである。公平さに対応する1
つは，機械という道具を使うことである。

3.3.4 機械を使うこと

　先の表計算ソフトのような ICT を活用することは，最もわかりやすい道具
の使い方である。手計算では間違いが起きやすい。効率よく，正確に，公平に
という，およそ人間らしくない仕事には，機械が向いている。人とは，間違い
やすい動物で，単調な仕事はなんとかして早く止めたいと思うので，どうして
も公平さを保つことは難しい。つまり公平さは，文字通り機械的に行わなけれ
ばできない。私が勤めた私学の大学では，教室に出席管理装置が設置されてい
て，学生は学生カードを教室に入ったらタッチして出席を記録するシステムに
なっている。それも時間制限の設定があって，ある時間が経過すると受け付け
ないシステムになっていて，文字通り機械的に処理をする。学生証を忘れた時，
教育実習や介護体験などの出席扱い，対外試合による欠席，忌引きによる欠席
などさまざまな対応があるので，すべて機械的に処理することはできないが，
面倒な手間は省ける。

　目が悪くなると眼鏡をつける，足が弱くなると杖を使うなど，人は何か具合
が悪い事態が起きると道具を使うが，出席管理も同じであろう。ただし，熱心
な教員は，個人用の出席カードを用意して毎回サインをさせて，さらに授業の
アンケートをその出席カードに書かせ，そのコメントを付けて次週に返すとい
う芸の細かい方法を採用している。効果は抜群で出席率は高くなるが，教員の
労力が大きいので，私は実施していない。

　大学は確かに学校化している。上記の個人カードによる出席管理は，小中高
等学校以上に労力をかけているが，そこまで行うことには賛否両論があろう。
大学とは何であろうか。どこまで学生の面倒をみれば良いのだろうか。

　人は，教育に機械を使うことに，どこか水と油のような印象をもつ。教育は
人間的な営みなので，機械を使うこと，特に ICT を使うことに対する抵抗感
は，小中学校の教員では強いようだ。OECD の調査では，日本の小中学校の

教員の授業における ICT の活用は，最低レベルであると報告している。それは，機械と教育の関わりについての文化や伝統や価値観の違いによるものと思われるが，これについては再考するとして，ここでは公正さには機械が向いているということだけ述べる。大学では教育と研究の両方が求められるので，教育だけに特化することはできないので，小中学校ほどには抵抗感はない。効率さ，公平さなどで，ICT を活用することが多い（赤堀 2010）。

3.3.5 携帯メールによる出席確認

　私は，かつて非常勤講師をした大学の出席確認で，携帯メールを導入した。自分が所属する大学で用いなかったのは，受講人数が少なかったからある。非常勤講師の大学では，100名程度の学生が登録している。すべて正確に出席を確認することが難しいことは先に述べた通りなので，2000年に携帯メールによる出席確認システムを考えて実践した。当時としては斬新なアイデアであったが，批判も当然ながらあった。授業中に携帯電話の使用を禁止しているのに，それを出席代わりに利用するとは何事かという批判であるが，以下のようにして実践した（赤堀ほか 2007）。

　始めに学生と約束するのである。これは，出席確認だけに限ること，授業中に私用で使ってはいけないことの約束である。そのような約束はすぐに反古になると思われるかもしれないが，そうではない。人が真剣に約束したことは，伝わる。学生は，その約束をどのような意味で言っているのか，どの程度の重みなのかを，見抜いているようだ。これが前提になる。

　次に，使う時刻を決める。授業開始後の5分以内とした。この時刻の約束も重要で，15分後に出席確認をすると次週には遅れてやってくる。学生は，教員がどの程度まで許すのか，どの程度の重みなのかを見抜こうとしている。それは教員と学生の交渉である。見えない交渉の糸をお互いに引っ張り合っている。それは，大人であっても同じで，すべての交渉事は駆け引きで決まる。だから学生を非難することはできない。

　小中学校でも同じで，子供から大人まで同じだから，出席確認といえども，

ある種の緊張感が伴う。私の場合は，授業開始後5分後に実施し5分以内で終了した。これも宣言するのである。少し遅れてきた学生がいると，人は感情の動物なので気の毒になってつい許すことになり，例外として認めると，次回から他の学生の信頼が減るようだ。公平さを保つことは難しいと述べたが，その通りなのだ。人情とか情感という人間らしさをどう活かすのか課題なのである。教育には，このように矛盾がある。

結果的には，携帯メールによる出席確認は成功であった。開始5分で始まり10分前には終了し，それ以降は受付けないという方針は無情であるが，学生に好評であった。文字通り機械的な手段のほうが，人間らしさよりも勝ったと言える。ただし，電車などの遅延証明書を持ってきた時には出席扱いであるが，学生たちは，新しいシステムを導入すると，そのシステムに合った心構えができるようだ。人とは，そのように状況に適応しているのではないか。

出席確認の方法は簡単で，「今日の言葉は」と言って，その教室に出席している学生に，ある言葉か数字を言って，メールで送信させる。ここでいくつかのノウハウがある。

1つは，送信先は教員のアドレスではなく，当たり前であるが別のアドレスを設定することである。2つは，大学のサーバでなく，商用のサーバを使うと便利である。3つは，必ず自動返信をすることである。その他，いろいろ配慮すべき事項もあるが，簡単な出席登録システムになった。ただし出席のメールには学生のメールアドレスが記されているので，自動的に出席管理の表に記録できるようにすると便利であるが，少し面倒かもしれない。

最も重要なことは，出席を学生自身が確認できることである。そのために，自動返信の設定をし，教室のスクリーンにメールの受信状態を表示して，教室で学生自身に確認させる。学生自らがその場で確認できることが，学生に安心感と信頼感を与えるのである。

3.3.6　出席率の維持

図3-3は，携帯メールによる出席確認の光景を示す。写真の下方に，出席

公平さは、出席率を高める

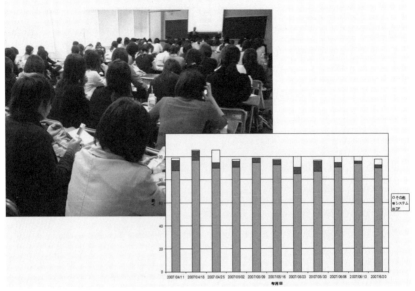

図3-3　携帯メールによる出席確認

人数のグラフがあるが，出席率が高いことがわかる。出席率は，教員にとって重要な指標である。授業評価よりも重要で学生の無言の評価といってよい。出席率が低くなるのは，教員への無言の抗議といってもよい。

先の授業評価の項でも述べたが，学生からの評価に対して教員はまるで子どもが先生に叱られるような気持ちをもっている。ある教員は，「教室のドアを開けるとき，胸がドキドキする。どのくらいの学生が受講しているだろうか，期待と心配が混じっている複雑な心境だ。最初の授業のとき，ザーッと見たら80名ほどの学生がいたので，内心ほっとしたというより嬉しかった。次の週に教室のドアを開けたとき，はっと目が覚めた。40名ほどに減少したから。そして，その翌週に30名ほどになったとき，今度からどうやって教室のドアを開けようかと思った。それほど，怖かった。まるで，お前は教員ではないと，自分の存在そのものを否定されているような気がしたからだ。その点，小中学校の先生はうらやましい。学生数が翌週になると，半減するなどということはない

からだ」と話した。その通りだと私は同感した。先に述べたように，市場原理は厳しく，お客様は神様であると同時に，残酷ですらある。そして教員は見えないところで，努力する。

別の教員は，こう話した。「第1回と第2回で受講数が減るのは，仕方ない。第1回はオリエンテーションだから，学生も様子を見ている。デパートの商品の品比べのようなものだから。次の週が問題で，受講生は減少するが，それでも半減するとショックは大きく，気力が弱くなる。わかりやすく，本当に丁寧に教えているが，物憂いような目つきをされると，こちらも弱気になる。授業の終わりの10分間を使って，この時間で学習したことをカードに書かせているが，これは効果がある。というより，授業の終了時にそのカードを教卓において学生が教室を出る時に，カードに書かれた学生の名前と顔を覚えるようにしている。授業中に学生の名前を呼ぶと，親近感がわくと同時に授業を欠席しなくなるから」と，見えない努力をしていることがわかって，私は心から敬服した覚えがある。

それほど出席率は教員にとって大切な指標である。繰り返すが，それは授業への無言の視聴率である。したがって図3-3に示すように，朝1限の授業で出席率が95％を維持することは，2000年当時とすれば画期的なことであった。当然ながら，専門分野の出席率は，どの科目でも高い。学生の意識や心構えが異なるからであるが，それ以外の科目では，どの教員も努力をしている。

3.3.7　QR コードによる出席確認

私は，この出席率に興味をもって，研究として実践したいと思った。それは，先に述べた機械と教育，道具と学習の関わり方のテーマであるが，私の専門は教育工学であり，研究と実践が一致した。出席率の向上は意外な結果だったので調べたら，その主な理由は先に述べた公平さであった。時間通りにきちんと出席を登録し決して妥協しないという機械的なシステムが，学生の評価を得た。そこで，さらに徹底して公平さを追求するシステムを考えた。これを大学院の修士の学生のテーマにした。

携帯メールでも教室にいない友人にメールを送って，メールをもらった友人
は，外部から出席メールを送ることも可能である。そこで，その教室の場にい
なければメールを送信することができないようにするために，QR コードを用
いた。毎回の授業で書き込むワークシートを配布しているが，そのワークシー
トに QR コードを印刷して，その QR コードを携帯に附属しているカメラで撮
ることで，出席確認を自動的に行うというシステムなので，その QR コードが
印刷されたワークシートが無ければどうにもならない。これも効果的であった。
しかし，その理由は公平さではなかった。

　QR コードの導入は，研究の意識が強く，少し懲りすぎていた。ただし，
QR コードまで導入して研究するので，いろいろな工夫をした。宿題をメール
で出したり，数人のグループのメーリングリストを作ってグループ学習をさせ
たり，授業中にクイズを出してメールで回答させたり，学生用のマイページを
作って出席やレポートの確認ができたり，といった機能を付けて，実践研究を
した。公平さよりも，この機能が効果的であった。その内容の詳細については
省略するが，道具と学習の在り方について，いくつかの知見を得た。そして研
究そのものが楽しかった。授業に行くのが楽しみだったから，教員の意識や気
持ちが学生にも伝わったかもしれない。わくわくしていた気持ちが表情にも出
ていたから，学生も苦い顔をした教員から講義を聞くより，面白かったであろ
う。このように考えると，授業は生き物で，そして複雑である。

参考文献

赤堀侃司（2012）「大学の授業を改善するための学習支援技法」谷口裕稔『学士力を支える
　　学習支援の方法論』ナカニシヤ出版，64-75.

赤堀侃司（2010）「大学授業改善の方法論と教職に関する科目への適用」『リメディアル教育
　　研究』5（2）：169-176.

赤堀侃司ほか（2007）『授業を効果的にする50の技法』アルク.

谷口裕稔ほか（2012）「学士力を支える学習支援の方法論」谷口裕稔『学士力を支える学習
　　支援の方法論』ナカニシヤ出版，2-63.

第4章

熟達者の「わざ」をデジタルで伝える

佐藤克美・渡部信一

日本の伝統的技芸は一般に「わざ」と呼ばれる。「わざ」の世界は非常にアナログな世界であり，デジタル・テクノロジーで伝えることは一見不可能のように思える。しかし，私たちのプロジェクトでは，日本の伝統的民俗舞踊の世界でデジタル・テクノロジー，特にモーションキャプチャ及び CG アニメーションを活用し継承を支援するという試みを実施してきた。

本章では，私たちがこれまで実施してきた「伝統芸能デジタル化プロジェクト」について紹介し，このプロジェクトにおいて明らかになってきたこと，つまり CG アニメーションにより継承における「目のつけどころ」を意識できること，また学習者が自分自身を客観視できることについて示す。さらに，継承者の「思い」を大切にして伝えるテクノロジー活用，「情熱を高める」テクノロジー活用について述べる。

4.1 日本の「わざ」をデジタルで伝える

4.1.1 伝統的な「わざ」の習得

日本には，古くから伝わるさまざまな技芸がある。宮大工や陶芸，和紙作りなどの職人，能や歌舞伎，また茶道や華道といった芸術，そして長い年月受け継がれてきた各地の民俗的な芸能や技術，これらの日本の伝統的な技芸を「わざの世界」と言い，また継承のために「学ぶ」ことを「わざ」の習得と呼ぶ。

職人や芸能の「わざ」の習得，すなわち「学び」は現在の我々が経験する学

校教育における「学習」とは明らかに違う。日本の伝統的技芸の「わざ」の多くは，世襲制・内弟子制などの制度のなか師匠から弟子への口伝えにより継承されてきた。また，日本の伝統芸能について研究した生田（1987）によれば，「わざ」の習得は，熟達者の模倣に始まり繰り返しの練習により習熟にいたる。さらに，簡単なものから複雑なものへと徐々にステップアップするような段階的な学習方法ではなく，その評価も非透明であるという。たとえば，日本舞踊であれば学習初期から一つの「作品」を学ぶ。基本的な姿勢，足さばき，手の動きを覚える等というように学習過程を細分化しない。弟子は師匠や兄弟子の踊りを見て模倣していく。その中で本人としては同じように踊ったとしてもある日は「ダメ」と言われ，ある日は「良い」と言われる。師匠から具体的に語られることは多くなく，どこが良くて何ができていないのか，弟子は模倣を繰り返しながら考えるしかない。この学びのなかで，「わざ」の習得の目指すところは，「形」を超えた「型」の習得であるという（生田 1987）。このように，日本の伝統的な教育は「学び」の実践的・模倣的な側面が強調され，「学ぶ」側の主体性と「学ぶ」姿勢を求める（渡邊 2005）。よい手本をよりよく模倣しながら身体で覚える，部分的に学ぶという形をとらない，教えてもらうのではなく少ない助言をもとに自分で考える，失敗を重ねて学んでいく，熟達者を目標に自ら学ぶ，道具や場所を大切にする，周りの人々への心配りを大切にするなどを特徴としている。つまり，指導者が教えるのではなく，模倣しながら学習者自身が自分で考え課題点や上達の目標を見出すことが大切とされてきたのである。

4.1.2 伝統的な「わざ」のデジタル化

　私たちは2005年より「伝統芸能デジタル化プロジェクト」として，日本の伝統的民俗舞踊をデジタル・テクノロジー，特にモーションキャプチャ及び CG アニメーションを活用し，その継承を支援するという試みを行っている。

　日本の伝統的な「学びの場」でデジタル・テクノロジーを活用するには，どうしたらよいのだろう。渡部（2007）は，「わざ」をデジタル化するために考

慮すべき事項として，「(舞の) 形」「(継承における) 環境や状況」「(師匠に対する) 聖性」の3要素を挙げている。たとえば，伝統的な民俗舞踊において「(舞の) 形」とは身体や手足を正確に動かすことであり，「わざ」を継承するために基礎となる要素である。「(継承における) 環境や状況」とは，その民俗舞踊が伝わってきた「地域の教育力 (伝承力)」や「地域の風土」等を理解することである。これによって，民俗舞踊の意味に対する理解が深まる。なぜこのような振りをするのか，なぜこのような間 (ま) を置くのかといったことを理解しなければ，師匠に近づくことはできない。そして「聖性」とは，文字通り宗教的な要素であり，たとえば神楽では神仏の存在が重要である。しかしそれだけでなく，師匠に対する強いあこがれや師匠が放つ雰囲気なども「聖性」である。「聖性」の要素があるからこそ，熟達者と同じ世界観をもつことが可能になるのである。以上のように，民俗舞踊にとって重要な要素は「(舞の) 形」だけでないという点は，継承の際に非常に重要なポイントとなる (渡部 2007)。

　伝統芸能の世界にデジタル・テクノロジーを持ち込もうとしたとき，「(舞の) 形」の継承に関しては有効であろうという予測は容易にできる。しかし，「(継承における) 環境や状況」や「(師匠に対する) 聖性」に関しては，デジタル・テクノロジーのはたす役割はイメージしづらいも知れない。私たちが実施した「伝統芸能デジタル化プロジェクト」においては，あえてこの2つの要素へのアプローチに挑戦しているが，まずここでは「(舞の) 形」の継承に対するデジタル・テクノロジーの活用に関して紹介することから始めよう。

4.1.3　モーションキャプチャの活用

　モーションキャプチャとは，身体各部の座標等を計測し身体動作を3次元時系列として客観的に表すテクノロジーである。簡単にいうと，マーカやセンサを身体各部に取り付けて踊ってもらえば，瞬時にその動作のデータがコンピュータ内にデジタルデータとして蓄積されるテクノロジーである。モーションキャプチャのシステムには光学式・磁気式・機械式などと呼ばれる計測方式

があり，どのシステムにも一長一短がある。しかし近年，技術の著しい進歩により，どの方式でも精密にモーションデータを計測することが可能になっている。

　現在，モーションキャプチャは，映画やゲーム製作等エンターティメントの分野において頻繁に用いられている。また，これらのデータを分析処理し，数値化やグラフ化することで，リハビリテーションやスポーツの動作解析等で利用されている。舞踊の場合も同様に，この数値データからポイントとなる指標や特性を導き出したり，身体の動きをグラフや図で表したりすることが可能である。実際，舞踊をモーションキャプチャで計測し数値的に分析を行う研究は，多方面から検討されてきている。丸茂ら（2003）は日本舞踊の「オクリ」についてモーションキャプチャ活用によって分析し，オクリが段階を追って習得されることを定量的に確認している。また，吉村ら（2004）は日本舞踊の初心者と熟達者の違いをモーションキャプチャのデータから分析し，上達度や性による差異を表現する指標を設定している。さらに，八村ら（2007）はモーションキャプチャにより舞踊を定量化し，熟達の度合や感性を表そうと試みている。

　単に測定にとどまらず，モーションキャプチャによって得られたデータをその学習のために活用しようとする試みも実施されている。中村ら（2001）はモーションキャプチャを活用して舞踊譜Labanotationを作成している。また，曽我ら（2014）はモーションキャプチャを活用し，現代舞踊の創作支援システムの開発を試みている。これらの研究が発展すれば，舞踊の創作や記録だけでなく学習支援にとっても大いに役立つようになるであろう。

　さて，これまでの舞踊の記録や学習支援には，主にビデオカメラが活用されてきた。ビデオカメラが使用される場合，まず師匠や自分の舞踊を撮影し，それを再生しながら振り返るというような使い方が一般的である。モーションキャプチャを活用し舞踊の学習を支援する場合にも，それに近い形である方が学習者や指導者にとって馴染みやすいと考えられる。そこで，私たちの「伝統芸能デジタル化プロジェクト」では，モーションキャプチャのデータからCGアニメーションを作製し，それを舞踊の学習に用いることにした。

第4章 熟達者の「わざ」をデジタルで伝える

4.2 民俗舞踊の学びにおけるモーションキャプチャ活用

4.2.1 「劇団わらび座養成所」における活用

　日本では昔，「わざ」を熟達させるため，幼少のころから師匠のもとに弟子入りし，師匠とともに生活しながら長い時間をかけることでその熟達をはかってきた。しかし現代社会においては，芸道の家系に生まれでもしない限り，古来の方法で熟達をはかるのは難しい。このようななか，芸能家を養成する機関が各地に開設されている。たとえば，歌舞伎や能楽の養成機関をはじめ，日本舞踊，民俗舞踊を取り入れた役者の養成所などがみられる。

　そのような教育機関の一つに「劇団わらび座養成所」がある。劇団わらび座は日本の伝統的な民俗芸能（歌や舞踊等）をベースにした劇団で，全国各地で年間1000回程度の公演を行っている劇団である。劇団わらび座は，秋田県に拠点を置いて地域に根ざした活動を行っており，その演劇・歌舞も日本の民俗・風習の表現が強く意識され，日本の民俗舞踊が取り入れられた演目も多く上演されている。

　劇団わらび座養成所は，その役者を養成する機関である。養成所は18歳から入所でき，その養成期間は2年である。そのため，養成所の教育は多くの点で古来の「わざ」の学びとは異なっているが，劇団が日本の民俗・風習を基本に据えていることから，養成所での指導も日本の伝統的な教育を踏襲したものとなっている（図4-1）。研究生（養成所では学生を「研究生」と呼ぶ）は基本的には劇場近くの寮に住み込み，プロである先輩の姿を間近で見ることのできる環境の中，朝から晩まで舞踊や演劇の練習をしたり，劇団の活動を手伝ったりしている。

　私たちが実施した「伝統芸能デジタル化プロジェクト」では，これまで（2006年から2013年），劇団わらび座養成所の研究生18名の舞踊を延べ40回，また舞踊講師に対しても10回モーションキャプチャによる計測を実施し，さまざまな角度から研究を続けてきた。ここでは研究生A（女性）と研究生B（男

図 4-1 劇団わらび座養成所における舞踊の練習

性)を対象にして行った研究(佐藤ほか 2010;渡部 2012)を簡単に紹介しながら,舞踊の学習にデジタル・テクノロジーがどのように役立つか述べてゆく。

ここで紹介するのは,「津軽じょんがら節」という民俗舞踊である。この舞踊は養成所で比較的早い時期から学習し発表会等,養成期間の2年間で何度も踊られる舞踊である。我々は研究生がこの舞踊の振りを覚えて踊れるようになった時期から養成所を卒業する直前まで計4回(7月,11月,翌2月,翌11月),モーションキャプチャで計測した(図4-2)。また,舞踊講師の踊りも7月にモーションキャプチャで計測した。なお,モーションキャプチャは「磁気式モーションキャプチャ(Ascension Technology Corporation Motion Star Wireless)」を用い,劇団に設置されているモーションキャプチャスタジオで実施した。

「津軽じょんがら節」は他の日本の民俗舞踊と同様,身体の軸をまっすぐにかつ腰の位置を低く保ちながら,特に手を大きく動かすことを特徴とする。

そこで研究生の手の動きの変化を見てみる。たとえば図4-3は,ある部分の正面から見た手の軌跡を示したものである(講師と研究生は身長などの体格

第4章 熟達者の「わざ」をデジタルで伝える

図4-2 じょんがら節のモーションキャプチャ

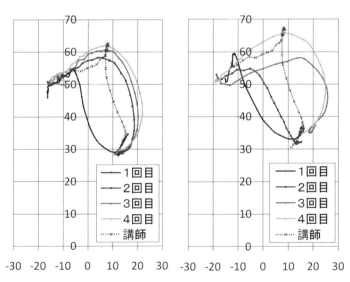

図4-3 研究生の手の動き（左：研究生A・右：研究生B）

67

図4-4 踊りの変化を表したCGアニメーション
(右から順に1回目・2回目・3回目・4回目。一番左が講師)

に違いがあるが,身長が研究生と同じになるように調整している)。図4-3をみると研究生の手の動きは,1回目(7月)は小さかったが,練習を重ねるにつれ弧(⌒)を描くようになり,手を高く大きく動かすようになっている。そして4回目(翌11月)では,研究生A・Bとも講師の高さ近くまで手を挙げるようになっている。しかし,講師の手の動きを見ると,弧(⌒)というよりラムダ(Λ)の形に近い。これは,講師は手を挙げた時,一瞬の間止まるためである。研究生Aには,その傾向がみられるが講師ほどはっきりしていない。研究生Bでは手を上げきった時が速くなっている部分もあり,手を動かす,止めるという動作がはっきりとはしていない。

　4回目が終了した12月,研究生に彼らのモーションキャプチャデータから作製したCGアニメーションと手足腰等の動きを表したグラフを見てもらい,学習を振り返ってもらった(図4-4)。モーションキャプチャ計測時に研究生Aは「動く・止めるのメリハリをつけるようにしている」と言っており,研究生Bは,「踊りが女々しいと注意されるので力強く踊るように心掛けている」と言った。しかし,講師の手が上がりきった時,下がりきった時にしっかり減速していることに気がついていなかった。さらに,研究生Aからは「手を動かす

べき時にも止めていたことをメリハリだと勘違いしていたことに気付いた」といった主旨の発言があった。また，身体の軸の動きを見て，2人ともに「講師はまっすぐ踊って，自分たちはまだまだ傾いていたことにはじめて気がついた」と答えた。

その後，別の研究生に自身の踊りを表した CG アニメーションを使って練習してもらったところ，CG アニメーションを見て考えたことをもとに自身の踊りを修正しようとする姿が見られた (Usui et al. 2013)。さらに，CG アニメーションを使って練習した研究生と使わないで練習した研究生の舞踊の変化を比べたところ，CG アニメーションを見たからこそその気づきがあり，CG アニメーションを使って練習した研究生の舞踊だけにその気づきの部分で変化が見られた (Usui et al. 2014)。最終的には，すべての研究生がモーションキャプチャにより新たな気づきと理解が得られると述べており，研究生のモーションキャプチャデータから作製した CG アニメーションを使うことで普段の練習では気が付けないところに気が付ける部分があることが明らかになった。

4.2.2 「法霊神楽」における活用

「伝統芸能デジタル化プロジェクト」では，2005年から「神楽」を対象にモーションキャプチャを活用した継承支援を行ってきた。ここでは，青森県八戸市のおがみ神社で継承されている「法霊神楽」(1)（図4-5）を対象とした研究について紹介する。法霊神楽の名は，明治以前おがみ神社が「法霊社」と呼ばれていたことに由来する。法霊神楽は，神楽の分類でいうと山伏神楽に分類され，その名の通り山伏（修験者）が伝えたものとされる。獅子頭を権現と称し神格化し，その獅子頭（権現）を持って舞う「権現舞」という舞があることが特徴で，法霊神楽ではその他，鶏舞・翁舞・三番叟・山の神舞などの式舞が神楽の中心をなす。いつごろどのように神楽が伝わったのか正確にはわからないが，室町時代にはすでに修験者がおがみ神社（の前身となる社）に来ていたとされ，1653年に神楽が奉納されたことが記されている（阿部ほか 1982）。藩政期は八戸に散在する山伏により奉納されていたが，明治に修験道が廃止されてからは

図 4-5 法霊神楽（権現舞）

八戸に住む一般の人々により神楽が舞われるようになり，戦前までは大仏地区の神楽がおがみ神社に奉納されていた。神社直属の神楽として整備しなおされたのは戦後のことである。時代の流れにあわせ奉納のされ方，舞手は変化してきているが神楽は脈々と舞われ続けてきている。

　ここで紹介する研究の特徴は，神社内でモーションキャプチャを行ったことである（Sato et al. 2012）。生田（2003）によれば，神社で練習を行うことや，拝礼を行うこと，つまり「特殊な空間要素」「儀式的要素」に取り囲まれることが，形の学びから意味の学びへと変容させていくという。渡部がはじめて2005年に法霊神楽のモーションキャプチャを実施したとき，その技術は未だ発展途上にあり，モーションキャプチャスタジオに固定されているシステムを使わざるを得なかった（渡部 2007）。しかし今回使用したシステムは，持ち運びが容易であるため練習場である神社にも持っていくことができる「慣性センサ式モーションキャプチャ」（Xsens MVN）であった。このシステムを活用することにより，「特殊な空間要素」「儀式的要素」に取り囲まれながらモーションキャプチャの活用が可能となる。

　私たちは，神楽を10年間学んでいる中堅の男性（以下，学習者と表現する）の練習にモーションキャプチャを使用した。まず学習者の神楽をモーション

第4章　熟達者の「わざ」をデジタルで伝える

キャプチャで計測した。踊ったのは「三番叟」という演目であり，約20分程度
の舞である。三番叟は，軽快でテンポのよい曲調のなか，軽やかにそして激し
く踊られる演目である（図4-8参照）。

　このシステムでは，身体の動きのデータがリアルタイムで画面上のCGキャ
ラクターに移植され，CGアニメーションとして見ることができる。ここでは
三番叟を踊り終わったあとすぐ，このCGアニメーションを師匠と学習者に見
せて，振り返ってもらった。映し出されたCGアニメーションを見ながら，学
習者は師匠に次のような質問をしている。

　　学習者：「○○さん（熟達者）は，もっと丸かったような気がするんです
　　　　　　が，（師匠は）どう思いますか？」

　　師　匠：「どうしたい？」

　　学習者：「これ（CGアニメーション）で見ると，おじいさんに見えない
　　　　　　なぁと思って……。もっと腰を曲げても良いかなと……」

　丸いといっているのは腰の曲げ具合である。学習者の考えは「CGを見ると
腰がまっすぐ，膝が高いように見える。老人なので腰をより丸く，膝をより曲
げた方が良いのではないか」，そしてそう考える根拠が「熟達者である○○さ
んの踊りがそうだった気がする」というのである。ここで話題に出てきている
○○さんはすでに神楽を舞っていない。つまり，理想の踊りを想像しながら，
自分のCGと比較しているのである。学習者は「おじいさんに見えない」と
言って気になる部分で先ほどの踊りのCGアニメーションを一時停止し，腰や
膝の位置を確認していた。

　振り返りが終わった後，今度はプロジェクタでモーションキャプチャによる
CGアニメーションをリアルタイムでスクリーンに映し出し，学習者にはそれ
を使いながら練習をしてもらった（図4-6）。いつもの練習と同じように師匠
にも立ち会ってもらい，必要があれば学習者へ指導してもらった。練習時間は
約40分であった。

　学習者は，「でんでんつこ・でんつこでん」と口で神楽のリズムをゆっくり
と刻みながら三番叟を舞い，時折自分のCGを確認し，「もっと……かな，も

図4-6 リアルタイムで映し出したCGアニメーションを使った練習

う少し腰落とそうかな……」とつぶやいては，再度練習に取り組んだ．

　学習者が自分なりに腰や膝の動きに納得したところで，学習者が師匠に確認した．最後に，師匠が「それでよい．あの人（○○さん）は，足が短くて小さかったから．人それぞれ体格もあるから，それ以上はいらない」と言って練習が終わった．

　練習終了後，再度モーションキャプチャで神楽を計測したのち，CGアニメーションを活用した練習についての意見を聞いた．

　学習者からはCGアニメーションにすることで，「手足の位置や角度がわかりやすくなった」という意見があった．これはわらび座の研究生と同様の発言である．また，「自分自身をビデオや鏡で見るのと違い，細かい部分を意識するようになる」とも述べていた．「これまではなんとなく，こんなものかなという程度で腰を曲げて踊っていたが，CGを見たことで，おじいさんに見えるような腰の曲がり方とはどのようなものだろうかを考えた」と言う．CGを見ることで，他人から見てどう見えるか，つまり自分を客観的に見た場合どう見えるかについて考えたのである．モーションキャプチャを活用することで，自

第4章 熟達者の「わざ」をデジタルで伝える

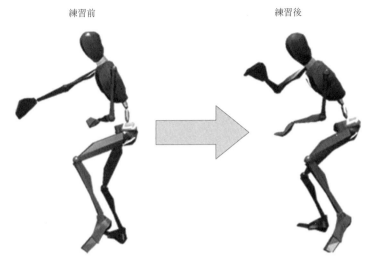

練習前　　　　　　　　　　　練習後

図4-7　三番叟の変化

分を厳しい目で評価するようになるのかもしれない。

　練習前と練習後のデータを確認することで，CG を見て気づいたことが生かされたかどうか確認した。図4-7は，練習前と練習後の三番叟の CG を抜き出したものである。腰を曲げよう，膝を落とそうと考えて練習した結果が表われていることがわかる。モーションキャプチャを活用した練習は1回だけであったが，その後もその気づきをもとにさらに練習を重ねたといい，2013年春の神楽祭では図4-8の写真のように踊っている。膝が折れ，腰が曲がっていることが写真でもわかる。

4.3　民俗舞踊におけるモーションキャプチャ活用の効果

4.3.1　「目のつけどころ」を明確にする

　なぜ CG アニメーションを使うことで，普段の練習では気が付かないところに気が付けるのだろうか。このような疑問解決のヒントを得るため私たちは，舞踊の練習にどのような CG アニメーションが良いのか，研究に協力していた

図 4-8　モーションキャプチャを使った練習後の三番叟

だいた対象者にさまざまな CG アニメーションを見てもらい意見を聞いてきた。たとえば，関節を線で結んだようなスティック状のもの，人のシルエットのようなもの，よりリアルなキャラクターなどである。結果は，初級者の多くが「関節を角柱で結んだ程度で人間を表現した単純なモデル」が良いと答えた。さらに，これまでの研究から，だいたいどのような舞踊でも前節図 4-7 で示したようなモデルが初級者としては見やすいことがわかった。その一番の理由は「身体の軸」「手足の位置」というような実際の舞踊ではわかりづらい動きも，単純なモデルで表すことで確認ができ，自分の舞踊の修正点を知ることができるからである。

　ここに，舞踊の学習者が抱えている問題が浮き彫りになってくる。わらび座の研究生は口をそろえて「先生と自分の踊りは全然違うことはわかるが，具体的にどう違うかはよくわからない」と言う。研究生は，講師の舞踊を模倣しようと思って練習しているが，講師の舞踊とどこが違い，どこを見れば講師に近づくのかはよくわかっていないのである。

さて，さまざまな分野の熟達者と初心者の違いについて共通する特性として，今井ら（2003）は，「目のつけどころ，ものの見え方が違う」「必要なことを覚える記憶力が違う」「課題を遂行するときの手続きが違う」「課題を遂行するときの方略が違う」などを挙げている。

そして，目のつけどころが違うということを示す例として，今井ら（2003）は将棋のプロと初心者，野球の熟達者と初心者の違いについて説明している。将棋の盤面の見方の違いをアイカメラで測ったところ，初心者は盤面のありとあらゆるところを見ていたのに対し，プロ棋士は盤面の一部しか見ていなかった。また，視線を留めた点が極端に少ないという。つまり，初心者はどこを見ればよいのかわからないので全てを見ようとするが，プロ棋士は盤面の一箇所をみるとその構造がわかるので，必要なところしか見ていない。同様に，野球の打者が投手のどこを見ているかという場合でも，初心者は非常に広い範囲を見ようと視線を激しく移動させるのに対し，熟達者は投手の肩を中心とした非常に限られた範囲しか見ていない。また，熟達者の記憶力は単にその分野について非常に深い知識をもっているだけでなく，その分野において新しいことを覚えるのも非常に容易だという。

目のつけどころがわかっており，その分野の新しいことを記憶する力に優れる熟達者は初心者に比べ，同じものを見ても短い時間でたくさんのことを知り判断できる。

わらび座の研究生も，同様に舞踊の上達には「腰の高さ」と「身体の軸」が重要であると頭ではわかっていても，そこに目をつけ，記憶する（理解する）ことが難しい。結局，初心者と熟達者では踊りを見て理解し，処理できる「情報の量」が違うのである。

渡部（2007）は，デジタル化のひとつの特徴として情報が削られることを指摘している。実際の舞踊を見るのに比べ，モーションキャプチャのデータでは情報が削られている。モーションキャプチャにより計測される情報量は一見多いように感じられるが，実際には舞踊を目で見て与えられる情報の量とは比べ物にならないほど情報が削られる。具体的には，モーションキャプチャでは筋

肉や衣装の動きに関する情報が削られてしまうだけでなく，息遣いや声も記録はされず，周りの様子も記録されない。その結果，たとえば「衣装の動きから感じる躍動感」などは失われ，ライブ感や迫力に欠ける面がある（渡部 2007）。

　情報が削られてしまうことは，モーションキャプチャが抱える問題点でもある。しかし，研究生にとっては風景や身体の肉や服などの情報が削られたために身体の軸や手の高さなどがわかりやすくなった，つまり情報が削られたことで「目のつけどころ」がわかるようになったのである。

　また，CG 化することにより，たとえば重ねて表示させたり，並べてみたりすることが可能になる。また，上から見たり横から見たり，拡大したりといった視点の変更もできる。したがって，学習者の目的によってさまざまな使い方が可能となる。たとえば，研究生は足幅の違いを確認するために CG モデルを重ねていた。ビデオ映像では，重ねてみたり，視点を変えたりすることは簡単にできることではない。撮影する段階で，どこを見たいのか，どこを振り返るのかをはっきりさせておかなければならない。したがって，「目のつけどころ」がはっきりしていない初級者が，振り返りに役立つ映像を狙って撮影することはかなり難しいと思われる。しかし CG 化することで，振り返りの段階でもさまざまな視点から見ることができるようになる。これも「目のつけどころ」をはっきりさせるのに役立つ。

　モーションキャプチャをはじめとする最近のデジタル・テクノロジーのひとつの特徴は，情報を容易に加工できることである。情報を加工することで「目のつけどころ」を明確にできる。このことが，舞踊の上達に役立つのだと思われる。

4.3.2 「非自分化」による気づき

　自分の動きを見ることに関して，神楽の師匠はこう言っていた。
「自分の動きを確認するのは大事だなと思います。自分のビデオを見ると，その踊り・そのときの気持ちが残っているから『あれココ違うかな』とか思うわけです。そういうのが良いと思います。」

第 4 章　熟達者の「わざ」をデジタルで伝える

　舞踊に限らずスポーツ全般でも言われることであるが，客観的に観察される動作と自分がそうだ思って行っている動作には異なる点が多い。たとえば陸上競技であれば，記録が伸びないといった客観的な結果が得られるので，そこから自分の感覚と実際の動きの差を考え，修正点を見つけることもできる。しかし舞踊の場合，自分の思っているとおりに自分が動いているのかどうかを知ることは難しい。実際，10年以上神楽を続けている学習者も「未だに自分がどう踊っているのかわからないことがある」という。

　これまで，そのことを知る手段のひとつとしてビデオが用いられてきた。また西洋の舞踊，たとえばバレエであれば鏡などを用いてきた。ビデオや鏡で確認する場合と同様，モーションキャプチャから作製した CG アニメーションでも自分の感覚と実際の動きに差があることに気がつくことができる。では，CG アニメーションを使った振り返りは，これまでのビデオや鏡を使った振り返りとは何か違うところはないのだろうか。

　一つは，1.3.1で示した通り CG 化することにより情報が削られたため「目のつけどころ」がわかり上達のための気づきが得られやすくなるということである。そしてさらに，自分の動きをあえて CG 化し「自分そのものではないもの」，つまり「非自分化」したことが役立ったのではないかと思われる内容の発言が研究生や神楽の学習者から多く得られた。たとえば，研究生は「CG にすると自分でなくなる気がする」「厳しく見るようになる」等と言い，神楽の学習者は「ビデオだとついなんとなく見てしまう」「(CG は) 細かい部分を意識するようになる」と言った。

　CG アニメーションは自分の動きを再現したものであるが自分そのものではなく，明らかに違うモノ，たとえば図 4 - 7 のようなモデルが動いている。自分の動きだが自分ではないという違和感が「自分はこう踊っているハズなのにどうして CG アニメーションではそうでないのだろうか？」と言った気づきを生む。CG に加工し，自分ではなくなったこと（「非自分化」されたこと）で客観的に動きを見るようになる。そのため自分の認識と CG の動き，つまり実際の自分の動きとの差に気がつけるのである。初級者にとってビデオ映像は自

77

分そのものが映しだされるために漠然と見てしまい，目のつけどころがあいまいになる。ビデオは，動作に対する認識と実際の動作の違いについて，CG に比べれば気がつきにくいのである。

　日本舞踊の「わざ」の習得プロセスについて生田 (1987) は，日本舞踊の学習者は，習いたての頃はただひたすら舞台の上での師匠の動きを模倣することに注意を向けているが，やがて自らの「形」を第三者の視点，すなわち師匠の価値を取り込んだ第一人称的な視点から眺めるようになると述べている。

　自分の舞踊を「非自分化」された CG アニメーションとして眺めることで，研究生が「厳しく見るようになる」と言うように，いわば師匠の視点で自分を眺める，つまり「客観的な視点」で自分を眺めることが可能になる。生田の言うところの「主体的な活動」から「客観的な活動」への橋渡しを支援するのである。

4.4　師匠と学習者をつなぐテクノロジー

4.4.1　継承の「思い」を伝える

　これまでの試みでは，モーションキャプチャを用いて「情報を削る」ことによる効果について考えてきた。しかし，熟達に必要な要素が「(舞の) 形」だけでない民俗舞踊においては，情報が削られてしまったために重要な部分が抜け落ちてしまっている可能性も高いと思われる。

　たとえば，わらび座養成所の舞踊講師は「手を挙げるとき背筋を使えと指導するが，これ (モーションキャプチャ) ではわからない」「本当に踊っている姿を見ていると総合的にわかる。筋肉をどう使っているとか，呼吸をどうつかっているとか」と言い，モーションキャプチャの CG アニメーションからではわからない部分があると述べている。

　このような意見が出る背景には，熟達者は舞踊を見ることで，初心者に比べより多くの情報を感じ取ることができることがある。初心者にとってはわかりやすい「情報を削った CG アニメーション」でも，熟達者にとっては「情報が

足りない」と感じるのである。

　同様の問題は，渡部（2007）も指摘している。渡部（2007）では，モーションキャプチャから作製したCGアニメーションは「形を覚えるのには良い」と言う意見が多く得られていたが，その反面，「場が伝わらない」「雰囲気が伝わらない」という熟達者からの意見も同時に聞かれている。このような熟達者の発言は，渡部（2007）のいう「（継承における）環境や状況」「（師匠に対する）聖性」に深く関係すると考えられる。そこで，私たちが実施した「伝統芸能デジタル化プロジェクト」では，「環境や状況」「聖性」までもデジタル・テクノロジーを使って表現することを試みた。

　神楽の練習は神社拝殿・幣殿の中で行われ，例祭の時などには神楽殿で舞われている。しかし，これまでの私たちのCGアニメーションでは周りの状況を再現してこなかった。そこで，私たちは神社本殿や神楽殿，鳥居などの神社境内をCGで作製し，そのCGで作った神楽殿・幣殿の中でCGキャラクターを踊らせることにした。これまでは，情報を削ることによる舞踊の学びについて考えてきたが，ここでは逆に情報を付加する試みを始めようとしたのである。

　まず，八戸教育委員会や神社が保存している神社の測量図と文献資料，そして私たちが現地で撮影した写真，実際に計測した値をもとにして，CGでおがみ神社とその周辺部を作製した。製作途中で神楽の師匠や学習者に見ていただき意見を聞く，そしてその結果からさらに手直しを加え，再度意見を聞くという過程で，彼らが重要と考えるところをポイントとして再現した。

　たとえば実際に，次のようなことがあった。当初，我々は神楽殿を再現するためには，正確に細かく建物を製作する必要があると考えていた。しかし，柱や梁の彫刻は精密には再現できなかった。そのため，師匠からは，建物のつくり・彫刻に関して何らかの意見があるものと予想していた。しかし，彼らからは「よくできている」といった意見が出された。逆に，師匠から真っ先に指摘されたのは，神楽殿にかけられるべき本当に小さな「しめ縄」がないということだった。また，「権現様（獅子頭）が置物のようで，ありがたみがない」という意見も出された。さらには，「きれいすぎる」「明るすぎる」「もっと雑然

図4-9 CGによる「思い」の再現

としている」「神社の感じが出ていない」という神社に感じる雰囲気に関する発言が多く出された。

　これらのインタビューを通し，師匠や学習者が大切にしていることは建物の正確さよりも神社のもつ雰囲気，さらには「神様が感じられなくてはならない」といった神楽に対する「思い」であることが見えてきた。

　これは，師匠の「子どもたちに神様への感謝の気持ちを教えたい」と言う発言に端的に表れている。神楽の継承は単なる舞の形でなく，師匠から学習者への「思い」の継承であるともいえる。デジタル・テクノロジーを用いて神楽の継承支援を考えた場合，これらの師匠が伝えたいとする「思い」を表すことが重要なのである。

　将来，技術がさらに進歩することで，人間が捉えることのできる全ての情報を再現し，それをリアルに体験できるようになるかもしれない。しかし，情報をただ増やしリアルさを追求していくのではなく，伝えたいという「思い」を大切にし，そのために情報を削ることも重要なのである。

4.4.2 継承に対する情熱を高める

2011年3月11日の東日本大震災により，民俗芸能の多くが被災した。民俗芸能の喪失は，文化の喪失にもつながる。私たちは，震災直後から民俗芸能の支援に取り組んできた。その目的は，2つある。第1にテクノロジーによって民俗芸能のデータを記録・保存することであり，第2に民俗芸能の継承を支援していくことである。

震災から7年が経った現在でも，未だ被災者の多くが故郷に戻れない状況である。また，高台移転は今やっと始まったばかりであり，地域を再興するには今後長い時間が必要であろう。そのような地域の再興にとって重要な役割を果たすと期待されているのが，民俗芸能である。事実，東北各県の復興計画にも民俗芸能の活用が必ず盛り込まれている。地域再興が本格的に始まったとき，民俗芸能の記録がきっと役立つであろう。また，過疎化・少子化そして社会の変化により民俗芸能の継承は今後さらに厳しくなっていくことが予想される。しかし，一度は途絶えたとしても記録を残しておけば，いつの日か復活させる時に役立つと思われる。

さらに，テクノロジーを活用することそれ自体が「継承に対する情熱を高める」ための支援になることを，私たちは経験した。ここで紹介するのは福島県飯舘村の小宮地区に伝わる田植踊である。この踊りは江戸時代ごろに始まり，昭和後期は地区の子どもらによって踊られてきたという。その後，過疎化・少子化により踊る機会が非常に少なくなっていたところ，東日本大震災による避難生活で完全に継承が途切れようとしていた。私たちが最初に現地に出かけていったときにも，地元の方は継承者がいないことを嘆き，危機感を募らせている状況であった。

私たちはまず，田植踊をモーションキャプチャで計測し記録・保存を実施した。確認のためにモーションキャプチャのデータから作製されたCGアニメーション（図4-10）を彼らに見ていただいたところ，次のような発言が得られた。

「いやあ，これならビデオより良いな。これは継承していくには最高ですね。」

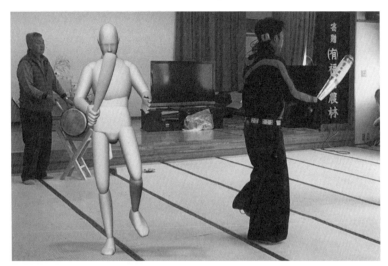

図4-10 「小宮の田植踊」のモーションキャプチャとCGアニメーション

「これを見たとき，これは絶対にこうして残すべきだって思いました。」

現実的には，現在のように村民がバラバラに避難している状況では田植踊を継続することは難しい。しかし，このような記録が保存されていれば，たとえ自分たちの代で継承が途絶えたとしても，次の世代が復活させてくれるかもしれないという安心感が生まれる。また，自分たちは将来のために今できることをやっているという満足や自信にもつながる。

さらに，私たちの「田植踊を後世に残そう」とする試みを身近に経験し，継承に対する気持ちにも変化が現れてきた。

「みなさんが小宮の田植踊りは絶やしてはダメだという気持ちでいてくれるなら……よし，じゃあ俺らも絶やさず頑張っていこうと，うん。」

新しいテクノロジーを用いて継承に役立てようと努力する試み自体が，彼らの継承への情熱を高めたと思われる。テクノロジーを使って継承支援に役立てようと考えたとき，我々はついその学習効果や問題点，新しい学習法などに注目してしまいがちになるが，このように情熱を高めること，すなわち「未来へつなげようとする思い」を奮い立たせることが，実は一番の継承支援につなが

るのかもしれない。

4.5 テクノロジーが現在を未来につなぐ

　民俗芸能は，古い時代から何も変化せずに受け継がれているわけではない。

　たとえば八戸の神楽は，古くは旅の修験者が五穀豊穣等の祈祷目的のために舞い，江戸時代になると八戸近郊に土着した修験者により継承されてきた。それが明治時代に一般人が舞うものとなって広まり，戦後に法霊神楽となった。昔の修験者と現在神楽を舞う人々とでは神仏への思想や神楽のとらえ方は違い，その舞も同じではない。また，神楽を見る人の気持ちも変化している。

　さらに，テクノロジーの発展も民俗芸能に影響を与えている。電気が普及することにより，夜は電灯の明かりのもとで舞われるようになった。祭祀では，マイクやスピーカーも当然のように使用される。写真やビデオでも記録されるようにもなった。さらに最近では，子どもや若者は師匠や自分の舞や笛を吹く様子をスマートフォンで撮影し，それを見ながら練習する姿も見られる。

　電気が通ってはじめて電灯に照らされた芸能を見た時代の人々は，電灯について何か議論しただろうか。「かがり火の中でやらないと芸能のよさが伝わらない」という意見があったのかもしれない。

　しかし，どのような議論があったにせよ，実際には新しいものが取り入れられてきた。民俗芸能はその本質からしても社会と密接に結びついて変容しながら継承されてきたものである。私たちが神楽にモーションキャプチャを取り入れようとしたときも，師匠は最初驚いたようであったが，その後はスムーズに受け入れてくれた。また，私たちが実施した「伝統芸能デジタル化プロジェクト」において，モーションキャプチャで記録し保存や継承に役立てようとする試みに対し拒否感を示した継承者はほとんどいない。むしろ「積極的に取り入れたい」と言う芸能が多かった。

　法霊神楽の大師匠は若師匠のことを「自分より凄い。立派なものだ」と評価し，神楽をしっかり受け継いでいると考えている。若師匠は「大師匠よりも，

もっと恰好よくなってやろうと思う」と言い，時代にあわせた動きを取り入れていると言う。神楽の継承において重要なのは，「単なる動きの模倣ではなく，師匠と弟子との関係性によって生まれる芸に対する価値観や空気の継承」なのである（渡部 2012）。つまり，昔ながらの民俗芸能をそのまま保存し続けることが継承ではなく，師匠と弟子がつながり，師匠の信ずるところや思いが伝わっていくこと，それが民俗芸能の継承なのであろう。

　今後は，師匠と弟子とをつなぐデジタル・テクノロジーの役割が期待される。法霊神楽の若師匠は，次のように語っている。

　　「大師匠の舞はあまりに凄く，複雑で弟子たちにとっては身近なものとしてとらえることができない。でも，CG にすることで，大師匠の舞がぐっと自分たちに近づくように感じるのです」

　師匠と弟子の間に CG をはさむことが，師匠と弟子をつなぐ役目を果たすのかもしれない。さらに，小宮の田植踊りでもデジタル・テクノロジーを活用したことで「未来へつながる希望」が生まれ，継承者の情熱を高めることができた。

　　「テクノロジーが現在を未来につなぐ」のかもしれない。

[謝辞]　本研究を行うにあたり，わらび座 DAF の海賀孝明氏には多大なる協力・助言をいただきました。感謝申し上げます。また，本研究に協力していただいた劇団わらび座養成所の講師・研究生，八戸法霊神楽保存会，小宮の田植踊の皆さんはじめ「伝統芸能デジタル化プロジェクト」に協力いただいた多くの芸能関係者にも感謝申し上げます。本章で紹介した内容の一部は科学研究費補助金（基盤研究（C），代表渡部信一，課題番号25516002，16K12365）の補助を受けて行われた。

注
1)　おがみ神社：「おがみ」は龗（雨かんむりに口三つ，下に龍）と書く。一般的な漢字ではないので本章ではひらがなで「おがみ神社」と表記した。

参考文献
阿部達・小井田幸哉（1982）『民俗文化財地域伝承活用事業　八戸の神楽』八戸教育員会．
八村広三郎（2007）「モーションキャプチャによる舞踊のデジタルアーカイブ（特別セッ

ション1）」『情報処理学会研究報告［コンピュータビジョンとイメージメディア］』
2007（1）：1-8.

生田久美子（1987）『「わざ」から知る』東京大学出版会.

生田久美子（2003）「民俗芸能を学ぶ子どもたち――2つの神楽の伝承事例を通して」佐藤
学・今井康雄編『子どもたちの想像力を育む――アート教育の理想と実践』東京大学出
版会，170-189.

今井むつみ・野島久雄（2003）『人が学ぶということ』北樹出版.

丸茂祐佳・吉村ミツ・小島一成・八村広三郎（2003）「日本舞踊の基礎動作「オクリ」に現
れる娘形技法の特徴」『人文科学とコンピュータシンポジウム論文集』情報処理学会：
39-46.

中村美奈子・八村広三郎（2001）「ラバノテーション Labanotation とコンピュータテクノロ
ジー――モーションキャプチャデータの舞踊教育と舞踊分析への利用」『舞踊学』24：
17-22.

Sato, Katsumi Yoko Usui, Shinichi Watabe (2102) "The Value to Dance Practice of CG Derived
from Motion Capture", SIGGRAPH Asia 2012, Full Conference DVD-ROM.

佐藤克美・海賀孝明・渡部信一（2010）「舞踊の熟達化を支援するためのモーションキャプ
チャ活用」『教育工学会論文誌』34（Suppl.）：133-136.

曽我麻佐子・海野敏（2014）「動作合成システムとタブレット端末を用いた現代舞踊の創作
支援」『情報処理学会論文誌デジタルコンテンツ』2（4）：10-19.

渡部信一編著（2007）『日本の「わざ」をデジタルで伝える』大修館書店.

渡部信一（2012）『超デジタル時代の「学び」――よいかげんな知の復権をめざして』新曜
社.

渡邊洋子（2005）「学びの様式と伝統文化――現代日本における「学び」理解の一試論とし
て」『京都大学生涯教育学・図書館情報学研究』4，京都大学大学院教育学研究科生涯
教育学講座：65-75.

Usui, Yoko, Katsumi Sato, Shinichi Watabe (2013) "The Effect of Motion Capture on Learning
Japanese Traditional Folk Dance", Proceedings of World Conference on Educational
Media and Technology 2013, 2320-2325.

Usui, Yoko, Katsumi Sato, Shinichi Watabe (2014) "Reflection CG in the Leaning of Dance
Movements", Proceedings of World Conference on Educational Media and Technology
2014, 2770-2775.

吉村ミツ・村里英樹・甲斐民子・黒宮明・横山清子・八村広三郎（2004）「赤外線追跡装置
による日本舞踊動作の解析」『電子情報通信学会論文誌』J87-D-Ⅱ（3）：779-788.

第5章

企業における人材開発

中原　淳

　本小論の目的は，1)企業における人的資源開発（人材開発）とは何かを紹介し，教育工学がこの研究領域にどのような貢献をなしうるのかを論じること，また2)企業の人材開発研究に興味をもつ教育工学の研究者が，研究を完遂していくためには，教育工学の知識や専門性の他に，どのような能力や経験が必要かを論じることにある。本稿が，熱意と志ある教育工学の若手研究者に読まれ，「企業の人材開発」という最も周辺的で，かつ，社会的ニーズの高い研究領域への「いざない」として機能することを，著者は願う。

　以下，1節では，教育工学における「企業」研究の希少性を論じる。2節では企業における人材開発研究の全体像を粗描しつつ，筆者がこれまで行ってきた研修やワークショップの事例を紹介する。これらの紹介を通して，教育工学研究の知見が，いかに企業の人材開発に貢献できるかを把握できるだろう。

　つづく3節では，企業の人材開発研究に興味をもつ教育工学の研究者が，その研究を為してくためには，教育工学の知識や専門性以外に，どのような活動・専門性が必要かを論じる。

　広大な「未開の大地」が，ほぼ手つかずのまま，残されている。

　フロンティアスピリットを発揮する研究者の登場を願う。

5.1　教育工学における「企業」

　一般的な教育工学研究の中心的な研究領域は，初等・中等・高等教育におけ

る実践的研究にあることは言うまでもない。初等中等教育における授業研究，教師研究を皮切りに，近年は，高等教育における授業改善・学習環境改革まで，教育工学の研究領域は，広がっているものの，その中心がいわゆる「教育現場」にあることは疑いえない。いわゆる「教育現場」である。このように，初等・中等・高等教育の「教育現場」に慣れ親しんだ読者においては，本章で筆者が「企業における人材開発」を，教育工学が新たに知的挑戦を試みることのできる研究領域であると論じていることに，若干の違和感があるものも少なくないだろう。実際に，教育工学研究において，「企業における人材開発研究」は，現在のところ確かに多いわけではない。否，ほとんど存在していない。

　しかし，目線を少し動かせば，現在の教育工学研究における中心的な研究領域のうち，たとえば高等教育機関を対象とした教育工学的アプローチに関する研究は，わずか20年前まで，ほとんど存在していなかった。当時は，大学教育においてファカルティ・ディベロップメント（FD：Faculty Development）が，現在のように喧伝されることも少なかった。ましてや，最近耳にしない日はないと思われる「アクティブ・ラーニング（Active Learning）」という概念は，そもそも存在すらしていなかった。しかし，わずか，20年前には存立すらしていなかった高等教育における教育工学的研究は，1990年代後半に入り，現場の強いニーズに裏打ちされ，現在の隆盛を誇るようになっている。

　そして，そのことを考えると，教育工学研究における研究対象を，限定的かつ固定的に考えることに，さほど意味はないともいえる。おおよそ，実践的な学問は，社会的状況とは隔絶して存在し得ない。問題は，このような領域こそ学問の対象であると考える，固定化したパースペクティブそのものにある。

　けだし，教育工学は，実践現場における「学習という観点からの問題解決の学」である。それは現場に解決するべき問題があるかぎり，学校であろうと，企業であろうと成立する。筆者は本稿をしたためるにあたり，このような立ち位置で筆をとるものとする。

5.2 企業における人的資源開発

　最もよく知られている「組織」の定義のひとつに，経営学者チェスター・バーナードの残した「二人以上の人々による，意識的に調整された諸活動，諸力の体系」という定義がある（Barnard 1938）。人が独力では達成できない課題を成し遂げようとして，複数の人々と共通意志と相互作用をもつとき，そこには「組織」が生まれる。そして，あまたある組織のうち，原料・資源・労働力などを外部調達し，商品・事業・サービスなどを生み出し，市場に供給することで利潤をあげることをめざしているものが，本稿で論述対象となる「企業」である。

　一般に，企業は，その事業規模が拡大してくると，人的資源開発を行わなければならなくなる。企業規模や事業を拡大していくためには，新たな作業負荷と役割が生じる。新たなメンバーを市場から迎え，彼らに，企業の目標や活動について理解し，活動を担ってもらわなくてはならない。その際，最も課題となるのが，「学習」である。「新規参入者の学習」をいかに外部から組織化し，企業の目標や戦略と同期させ，かつ，事業を担うために必要な知識・スキルを獲得してもらうか。この難問が，経営課題として前景化してくるのである。

　かくして，組織から「従業員の学習」に対して及ぼされる影響力が，人的資源開発（人材開発）である。経営学的には，人材開発とは一般的に「組織戦略・目的達成のために必要なスキル，能力，コンピテンシーを同定し，これらの獲得のために従業員が学習するプロセスを促進・支援すること」とされている（Hall 1984）。

　企業は「学習」という手段を通じて，自らの目標や戦略にあうように，従業員に働きかける。より具体的には，研修やワークショップなどの「仕事の現場から離れた学習：Off-JT：Off the Job Training」と「仕事の現場における学習：OJT：On the Job Training」が実践されることが多い。これらの機会を通じて，従業員に仕事に必要なスキル，知識，技能を獲得してもらうのである。

以下，これらそれぞれについて，教育工学とのかかわりを付記しつつ，論じることにしよう。

5.2.1 Off-JT と教育工学

Off-JT とは「仕事の現場から離れて，企業が目標・戦略達成のために必要な知識・スキル・信念等を従業員に学習させる人事施策」である。Off-JT の実際の現場は，新入社員に関する研修や，管理職に対する研修，技術伝承のために開発系のスタッフ受講する技能研修まで，業種や業態に応じて多岐にわたるので，そのスタイルを一義的に決めることはできない。しかし，それは多種多様な仕事の現場ではなく，教室や研修室などの「教えるための場所」で実践されるので，初等・中等教育の教育現場や教室に精通している教育工学の研究者にとっては，その様態を類推することは比較的容易である。要するに，企業にも，小学校・中学校・高校・大学と同様に「教室」が存在するということである。そして，学校教育同様，企業の「教室」においても，近年，さまざまな「変化」がおとずれている。この2つの変化こそが，企業の人材開発に教育工学研究が資すると考えられる部分である。

第一の変化は，企業研修が効率化の影響にさらされ，「効果の高い教え方，学ばせ方は何か？」についての認識が高まっていることである。初等・中等・高等教育の現場においてはいうに及ばずではあるが，最近は，企業研修の研修スタイルも大きく様変わりし，より双方向性が重視したカリキュラム，学習環境，教材がデザインされるようになってきた。

従来，企業研修は，知識・経験のある講師が一方向的に情報を学習者に伝達するスタイル——いわゆる導管型の学習であった（Reddy 1979）。しかし，これが最近では大きく様変わりし，学生同士のインタラクションや講師—学習者同士のインタラクションを重視するものに変化してきている。具体的には，1)対話とリフレクション，2)演劇（即興劇），3)プロジェクト型学習（PBL：Project Based Learning）といった双方向性の高い研修が多くなっている。

以下，1)から3)の3点について筆者が実際にかかわってきた Off-JT 事例を

図 5-1 対話とリフレクションによる管理職研修

紹介しつつ,教育工学研究とのかかわりについて述べよう。

　まずは1)「対話とリフレクション」であるが,ここでは「対話とリフレクション」を中核にすえた管理職研修を紹介しよう。
　筆者が関与してきた管理職研修には,管理職に登用されて1年ほどたった人々が,これまでのマネジメント経験や職場を振り返り(リフレクション),同じ立場のマネジャーと対話を繰り返しながら,今後,どのようにして職場を運営していくかを考えるワークショップがあった(中原 2014)。
　このワークショップで,管理職はLEGOブロックなどを用いて,自分の職場の様子,部下の仕事の様子を可視化し,それらをもとに管理職同士が対話を繰り返すことを求められる。LEGOブロックなどを用いてあらかじめ自分の職場が「かたち」になっているため,対話は円滑に進み,かつ,相互のフィードバックも具体的になり,リフレクションが進む。管理職たちは,職場で起こるさまざまな問題を率直に語り合い,その後,相互に助言をなすことで,最終的には,どのように職場をたて直していけばよいのかのアクションプランをつくる。
　昨今の職場は,組織のフラット化,雇用の流動化などの社会背景のもと,経験の浅い管理職が,多種多様な雇用形態の社員を率い,自らもプレーヤーとし

て数字をおいつつも，チームで成果をださなければならなくなってきている。このような対話とワークショップスタイルの研修が実践されることで，日常は業務に追われている経験の浅い管理職が，リフレクションの機会を得られ，職場の建て直しをはかることのできるメリットは大きい。

　次に2)「即興劇」である。

　即興劇の事例として，筆者に関わりが深いものといえば，地方テレビ局において実施された研修を例に挙げられるだろう。本研修は，高尾・中原（2012）に収録・記録されている研修で，演劇学を専門とする著者の高尾が実践した。

　この研修では，日々の雑務に追われ，クリエィティビティを発揮することに困難を覚え始めている地方テレビ局の社員が一同に会し，さまざまなエクササイズを積み重ねつつ，即興劇を創造することに挑戦する。さまざまな雇用形態で働く社員が増え，ダイバーシティがさらに高まる近年の企業。社内のメンバーが一同に会し，同一の目標に挑戦することは，クリエィティビティの思い起こしという意味に加え，組織・チームとしての一体感を高めるという意味において，組織開発の役割も持ち得ている。ちなみに，組織開発とは，組織有効性の向上・健全性確保のため組織全体を対象にして計画的，かつ，トップダウンでなされる管理行動であり，行動科学の研究知見を背景になされる計画的介入であり（Beckhard 1969），日常的な用語であると，チームビルディングに近い。

　最後に，3)プロジェクト型学習の事例である。

　プロジェクト学習として，筆者が深くかかわったものとしては，アサヒビール株式会社，株式会社インテリジェンス，株式会社電通北海道，日本郵便株式会社，ヤフー株式会社の次世代リーダーと目される管理職約30名が集まった次世代リーダー研修も挙げられるだろう（中原 2015）。

　この研修は，異業種5社の管理職が異種混交のチームを形成し，社会貢献の一貫として地域課題を探索し，その解決策を，地域の首町・地域住民に提案する研修である。

　一般に管理職は，いわゆる日常のオペレーショナルな管理業務に加え，組織

の中に革新行動を起こし，次世代の経営幹部として多種多様な組織メンバーを率いていく主体として位置づけられているが，日常の管理業務と組織への過剰適応の結果，能動的惰性に呪縛されている場合も少なくない。

この研修では，次世代リーダーと期待される異業種5社の管理職が，組織の外で他社の管理職らとともに地域課題解決に取り組み，議論することを通して，能動的惰性に絡め取られた自己の「固定的なパースペクティブ（ものの見方）」を学習棄却（アンラーン：Unlearn）することをめざす。加えて，研修では，管理職の革新行動意欲を増進させること，多様性あふれる人々との遭遇をはたすこと，経営者目線での思考習慣の獲得させることをめざし，効果を確認できた（中原 2015）。

さて，以上，1)から3)まで，昨今の企業研修の事例を概観してきた。もちろん，これらは筆者が関与した事例であって，一般性は担保しない。しかし，企業研修が，いかに双方向性を重視する方向に変化しているかを実感していただけるのではないだろうか。

近年の企業研修は，学習者同士の対話やインタラクション，リフレクション，さらには，初等中等教育で実践されているようなプロジェクト学習に通ずるような問題解決などがビルトインされており，非常にインタラクティブなものに変化してきている。その勢いは年々強まるばかりであり，もはや，一方向的な講義スタイルで，講師が知識伝達しか行わないという授業を探す方が難しいくらいである。教育工学には，古くは教授設計理論，昨今では協調学習論，グループ学習など，この種の授業設計について一日の長がある。この種の理論や実践知を求める企業は少なくない。

次に Off-JT に教育工学が資する可能性の第二点目は，現在の企業においては，社内の社員を講師にして養成する動き—いわゆる「内製化」の動きが盛んになっていることが挙げられる。内製化というのは，企業の人材開発の専門用語であるので，やや説明が必要な用語かもしれない。

一般に企業研修は，製造業の技能伝承をのぞき，社外の民間教育供給企業が，

研修を提供することが少なくない。社会には，さまざまな領域で講師を専業と
して行っている事業者がおり，これまで長きにわたり日本企業は，こうした専
業業者から，企業内教育を購入していた。すなわち，社内の社員を講師として
研修を実施するのではなく，専門の研修提供会社が管理職研修などを請け負い，
外部の講師が企業内で授業を行ってきたということである。

　しかし，2008年のリーマンショックを皮切りにして，研修コストをさげる動
きが強まり，外部講師ではなく自社の社員を講師にしたてあげ，社内で研修開
発を行う動きが本格化した。これが「内製化」である。企業規模によって状況
は異なるので，一概にはいえないが，多くの企業が研修を外部発注するのでは
なく，自社にフィットした研修を内製化しようとしている。

　たとえば，内製化がもっとも進んでいると表される某 IT・通信企業では，
グループ社員2万人に対する社内研修を内製化し70コース以上の研修を提供し，
年間約1万人が受講しているという。

　内製化のプロセスは下記のように進行する（中原 2014）。まず社員に受講さ
せたい研修テーマに合わせて，それを教えることのできる社員をボランティア
募集する。社内には，IT，語学，会計など，さまざまな専門家が存在してお
り，年間数回であるならば，自らの経験にもなるので，社内講師になってもよ
い，という社員が存在している。ちなみに，年に数回の登壇をしたからといっ
て評価があがるわけではない。むしろ，自らのキャリア開発の機会として，社
員が自発的に立候補してくるところが，この会社の強みである。

　人材開発部は，講師希望者に対して，面接選考を行う。面接で通過した社員
には，Training the Trainer プログラム（講師養成プログラム）とよばれる集
中的なトレーニングを行われ，いわゆる「講師デビュー」をうながす。トレー
ナー養成プログラムでは，教授設計理論をはじめとした基礎的な教授学的な知
識のほか，さまざまなデモがなされ，模擬講義（マイクロティーチング）が行
われる。マイクロティーチングでは，他者からのフィードバックのもとで，リ
フレクションを促される。かくして一定のスキルや基準をもった人だけが講師
としてデビューを果たし，企業研修で講義を行うことになる。

同社の講師養成を手がけている関係者によれば，講師デビューの際，一番難しいのは，講師が「教室においては教える人である自分が主役」という教条化・固定化した考え方から「教室においては学ぶ人が主役」であるという考え方にマインドチェンジを果たすことであるという（中原 2014）。Training the Trainer プログラムでは，「教授者中心の教授観」を「学習者中心の教授観」に転換することを促し，それに付随して，教授技術をさずける。

　ちなみに，研修の内製化には終わりがない。この会社では，講師デビューを果たした講師にフォローアップ研修も提供している。講師着任後，3か月後に，TTT フォローアップ研修が行われ，技術のブラッシュアップを求める。同社には，4段階にわたる講師の資格認定制度があり，それに基づいて教授技術をレベルアップできるようになっている。

　さて，ここまで，某企業における内製化＝講師養成の取り組みを紹介してきたが，この動きに関連する教育工学の諸知見ということになれば，言うまでもなく教師教育研究（Teacher education）が挙げられるだろう。

　長き伝統をもつ教師教育研究においては，1970年代以降，有能な教師の諸特徴を行動レベル，認知レベルで測定し，把握してきた。1990年代以降は，ドナルド・ショーンの省察的実践家論が嚆矢となり（Schön 1983），リフレクションに関する実践的な研究が勃興し，近年では，ユトレヒト大学のフレット・コルトハーヘンらに継承されている（コルトハーヘン 2010）。管見ながら，これらの知見の中には，企業の人材開発に資すると思われるものがあるものの，いまだに十分な理解をともなって導入されているとは言えない。

　もちろん，筆者自身もさまざまな書籍を書き，その理解に貢献してきたつもりである。が，まだ道半ばと言わざるを得ない。

5.2.2　OJT と教育工学

　OJT とは「仕事の現場の中で，上司や先輩などの「経験を有する社員」から提供される発達支援のこと」をいう。人事部や人材開発部が，従業員を仕事の現場からひき離し，教室や研修室などの「隔離空間」で実施することの多い

Off-JT とは異なり，OJT は，各現場の仕事に埋め込まれて，現場の社員のあいだで，仕事の時間の中で実施される。しかし，その影響力は甚大であり，Off-JT と OJT を比較してみると，仕事の能力開発の多くを支えているのは圧倒的に OJT であるという知見も存在する。

一方，OJT には脆弱性も存在する。

それは端的に述べてしまうならば，OJT はともすれば「単なる労働」になりはてる，ということに尽きる。仕事の時間の中で，かつ，仕事に埋め込まれ，仕事で出会う人に依存してしまう OJT は，管理者の理解が乏しい場合などには，実行されない。すなわち本来，「学びをともなう仕事」の割り振りと，フィードバックがなされなければならないのにもかかわらず，単なる「労働そのもの」になり果ててしまうということである。

このような状況を鑑み，近年，企業の中には，これまで現場に任せてきた OJT を再構築しようとする動きが見られる。筆者自身が関与した事例では，博報堂の人材開発部（博報堂大学 2014）が，OJT の制度を見直し，新人 1 名に対して，現場の先輩クラスとマネジャークラスの 2 名を OJT 指導員（JOB トレーナーと OJT トレーナー）に割り当て，OJT にあたらせる制度を構築した。数年先輩の JOB トレーナーがなすべき仕事とは，日々の仕事の助言や指導。一方，マネジャークラスの OJT トレーナーの役割とは，新人に適した仕事の割り振りと，リフレクションの支援である。人材開発部は，両者の役割を担う社員を集めてワークショップ形式で，この役割の理解を促し，かつ，両者の意識あわせを行った。こうした明確な役割定義とワークショップの実施によって，同社の OJT 制度が機能し始めている。

今一度ひるがえり，OJT と教育工学の関わりを述べるのだとすると，たとえばメンタリング研究，フィードバック研究などが，これに近似する領域となるだろうか。

筆者自身の研究でいえば，同一の目標を共有し，日々のコミュニケーションが発生する「職場」というものを分析単位として，職場における他者からの支援やコミュニケーションが，いかに現場の学習を促進するかを研究してきた

（中原 2010）。それは OFF-JT ほどには研究の蓄積は多くはないが，社会化の過程におけるネットワーク的研究は，近年発展がめざましい（Ashforth, Sluss and Harrison 2007, Jokisaari & Narmi 2012）。今後，非常に大きく発展する領域であるように思う。

5.3　もし教育工学の研究者が企業人材開発に取り組むならば

　前節までは，企業の人材開発の概観と，教育工学の利活用の可能性を論じてきた。つづいて，本節ではもし今後，企業の人材開発研究に携わりたいと考える教育工学の研究者が教育工学の知識や専門性「以外」に，どのような専門性や志向性が必要かを論じるものとする。本節では，この問題を「学習コミュニティをつくること」「組織調査方法論を身につけること」「組織学習の支援をすること」の 3 点にわけて考察する。なぜ，上記 3 点が重要かというと，企業の人材開発を対象とした研究というのは，現場で起こっている問題を，「実践者と研究者がともに課題解決することの中」からしか生まれ得ないことの方が多い。多くの人材開発の研究は，現場の協働的な課題解決—すなわちアクションリサーチ形式において達成されるのである。

　実践者にとって，研究とは「関心」こそあるものの，それ自体をなすことが彼／彼女の目的ではない。実践者は目の前の仕事を改善し，成果をあげることが目的である。そして，実践者は高度な専門性や知識を有していることは希である。だからこそ，成果・目的を達成するプロセスにおいて，自分よりも高い専門性や経験を有している人々が関与・協力してくれることを願う人もいる。

　一方，人材開発の研究者は，研究こそが目的である。研究者は高い専門性や高度な知識を持ち合わせているものの，実践からはもっとも遠い場所にいる。実践の現場は，彼／彼女の研究を達成するための「舞台」であるが，多くの場合，研究者は「舞台」を持たない。

　このように高度な専門性を持ち合わせることの少ない実践者と，舞台を持ち合わせない研究者が，利害を一致させ，ある一定期間，実践を変革していく中

で研究を為すことが成立する場合がある。人材開発の研究は，このようにアクションリサーチとして達成されることが多く，筆者の研究のほぼすべては，この形式である。もしこの形式が，今後も人材開発研究成立の要諦でありえるのだとするならば，下記に述べる3つの課題にいかに向き合うかが，若い研究者達の課題になるだろう。

5.3.1 学習コミュニティをつくること

「学習コミュニティをつくること」というのは「企業の人事担当者・人材開発関係者・経営者など，企業の人材開発に携わる人々が，定期的に集い，専門的な技量を高めることのできる学びの場を，研究者自らがつくること」をいう。

研究対象に向き合い，分析し，それを学術論文にまとめ，大学の教室では，それらの知見を教えることを職業としている研究者が，なぜ，そのようなことをしなければならないのか。読者の中には訝しがる諸兄も多いかもしれない。

が，これは，企業の人材開発のように，きわめて実践的な領域でアクションリサーチをなすためには必須のことにように思える。実践者に，己の存在と研究内容を知ってもらい，彼らとの関係構築を行わない限り，アクションリサーチを行おうにも，そのきっかけがつかめない。学習コミュニティは，最先端の研究知見や実践的見識を，実践者と研究者がともに味わいながら，関係構築を行うための装置である。

筆者の場合は，Learning bar（ラーニングバー）とよばれる「人材開発に関する最先端の話題をあつかう研究者と実務家のための研究会」を，2005年から2010年まで開催し，そこで得たコミュニティを共同研究のきっかけにつなげていった（中原 2011）。テーマは「組織コミュニケーション」「組織理念の共有」「リーダーシップ開発」「モティベーション」と毎回さまざまに設定されており，各回約200名の実務家・研究者が参加していた。

Learning bar のタイムスケジュールは，1）実務家・研究者の30分間程度のレクチャーがあり，1）を踏まえたうえで2）200名の参加者が5名程度のグループをつくり，対話を行う。日常では決して出会うことのない異質な他者との対話

図5-2 Learning bar の様子

によって，日々を内省することが，目的とされた。

　Learning bar は，その後，形式をかえ，同種のイベントが現在も継続している。このイベントを継続的に，かつ，多種多様なテーマにて実施することができるように，筆者は志ある研究者，そして人事担当者とともに「経営学習研究所（MAnagement Learning Laboratory：MALL）」という非営利の一般社団法人を立ち上げた。現在は，この組織をプラットフォームにして，実践者と研究者が集う場を創造している。

5.3.2　組織調査の方法論を身につけること

　「組織調査方法論を身につけること」とは，文字通り，自分が支援したいと願う組織について，今現在，どのような問題が起こっているのか。こうした問題点の「発見」のために各種の量的調査・質的調査を企画し，実行することをいう。企業の人材開発を研究する場合，この能力や経験は必須であり，これがなければ，組織の中で効果的な問題解決を行うことはできない。

　これが必須の要件になるのは，企業の人材開発の場合，課題解決のための問題は，所与で与えられず，実践者とともに「発見すること」が求められるからである。

第5章　企業における人材開発

　たとえば，今，仮に「新人なかなか業務能力があがらず，早期に離職してしまう組織」があるとする。現象として起こっている「新人の業務能力不足と早期離職」は確かに新人の身に起こっている事象であるけれども，人材開発担当者ならば，こうした現象が「なぜ」起こっているのかを，量的手法・質的手法を駆使して明らかにしなければならない。

　たとえば，新人の業務能力が向上しないのは，採用施策を間違えて，そもそも自組織の文化にあわない学生を採用してしまったことが原因かもしれない。もしこれが真実であるならば，それは人材マネジメントのうち「採用」の問題ということになる。また，新人がふだん仕事をする職場が多忙を極めており，本来メンタリング役を担ってくれる先輩社員が，新人のケアを行えていないからであるかもしれない。あるいは，管理職のマネジメント能力が低く，新人に効果的なフィードバックを与えられていないことが原因かもしれない。「新人の業務能力不足と早期離職」というひとつの現象にも，影響を及ぼしそうな様々な要因が存在しており，これらを調査しつつ，施策を考える必要がある。

　一般に問題解決は，1)問題の定式化，2)施策の検討と実施，3)評価という循環をとるが，そもそもどのような施策があろうとも，定式化するべき問題を発見していなければ，効果的な問題解決はできないのである。

　このことは一般的な教育工学研究者には，少しハードルの高い課題となりうると思われる。一般に教育工学は「手段を検討・評価すること」——すなわち「方法の知」に関しては高度に発達しているが，そもそも問題が何かを各種の社会調査手法を駆使して，探究することは希だからである。

　筆者の場合は，幸いなことに学生時代から社会学のゼミナールを別途受講し，量的調査には，ある程度の経験があった。また，質的調査においては，一度，エスノグラフィーを執筆した経験があった。

　もちろん，これらが十分なトレーニングになったとはいえず，この領域に参入した頃からさまざまな文献を読み込み，自ら試行しつつ最先端の知識やスキルを高めてきた。これから企業の人材開発研究を志す研究者には，ぜひ調査の方法論を体得して欲しいと思う。

5.3.3 組織学習の支援をすること

「組織学習の支援をすること」とは，「企業の人材開発研究で見出した知見，現場の人々との協働によって問題解決によって生み出したソリューションを，人材開発関係者の個人の頭の中に完結させるのではなく，組織全体・組織メンバー全員に浸透させていくための支援を，研究者自身なすこと」である[3]。

具体的には，企業の人材開発の現場では，得られた知見をまとめたメディア・制作物・教材などを現場の実践者とともにつくりあげたり，研究者自身が組織全体の会合やイベントで講演やワークショップを為すことが求められることが少なくない。最も重要なことは，生まれた知を関係者の頭の中だけに蓄積させておくのではなく，組織の中に広く流通させ，共有させていくことである（組織学習）。

言うまでもなく，会社において求められる「学習のレベル」とは，個人が変わるというような「個人レベルの学習」ではない。むしろ，得られた知見や解決策が，組織内において共有され，議論され，場合によってはさまざまに制度化・ツール化されていくプロセス——いわゆる「組織学習」こそが求められ，その上で現場に変化や革新が生まれることである。

個人が学べても企業の人材開発は目的を達成しない。それによって，現場に革新が生まれ，成果を出すまでが仕事のスコープであり，そこまでつきあうことのできる研究者が人材開発研究では求められる。外部からの介入者として組織内部にかかわる研究者には，この働きを為すことが求められることが多い。利害関係が少ないという立場と専門性を利用して，組織内部のメンバーにはなかなか言い出しにくいことをフィードバックしたり，外部のフレッシュな視点をもって，組織内の変革の支援を為すことができるからである。

この役割においては，教育工学の研究者は，他の人文社会科学の研究者よりも，一日の長があるように思われる。教育工学の研究者は，教育・学習という観点から現場の問題解決に貢献してきた歴史があるので，そもそも問題解決のプロセスには親和性が高い。また教育工学では，教材・メディアの制作も研究に含まれるので，各種のツール群の開発には経験が活きる。また，デリバーに

ついても，授業研究，ファカルティディベロップメント研究・実践の蓄積があるので，長けているケースがあるように思える。これらの諸特徴を活かしつつ，企業の人材開発研究に挑戦する若い研究者が増えることを願う。

5.4 総　括

　本小論では，第一節において教育工学研究における企業の位置，第二節・第三節で OFF-JT から OJT に至るまでの企業の人材開発の実際と教育工学との関連を述べた。第四節では，企業の人材開発研究に興味をもつ教育工学の研究者が，それを成し遂げるためにはどのようなことに留意しておけばよいかを述べた。

　筆者が企業の人材開発の研究に転じ，いわゆる正統な「教育工学の研究者」ではなくなってから，もう十余年がたつ。研究対象を変更した当初は，「自らが何者であるのか」「自らのアイデンティティがどこにあるのか？」に葛藤を感じることもあったことを，正直に吐露する。しかし，今は経営学と学習論の「狭間」を生きること—具体的にいえば，学習という観点を切り口にしつつ，組織における「人の課題」にアプローチすることが，自らの研究であると腹を括っている。己の関心は，自らの研究がどのような学問カテゴリーに分類されるかではない。自分の探究したい内容を，自身の観点や方法で探究することである。我が望みは，それ以上でも，以下でもない。

　もちろん，その放蕩な研究者人生を，他者に無邪気にすすめる気は毛頭無い。しかし，もし企業の人材開発に少しでも興味をもつ若い研究者がいるのだとしたら，ぜひ新規参入を待っている。そこには探究するにあまりある「未解の大地」が広がっている。

注
1)　ラーニングバーの実験的な社会実践を通して，筆者が試みたかったもうひとつのことは，異質な社会的背景をもった人々が大規模に集まっても，学習環境のデザインの仕方によっては，対話が可能である，ということである。

2) 経営学習研究所（Management Learning Laboratory）http://mallweb.jp/
3) 組織学習とは定義がさまざま存在するが，ここでは「組織内に生まれたアイデアが，組織構成員に共有され，組織が変容していくこと」と定義する。

参考文献

Ashforth, B. E., Sluss, D. M., & Harrison, S. H. (2007) Socialization in organizational context. In G. P. Hodkinson & J. K. Ford (Eds.), *International Review of Industrial and Organizational Psychology*, 22 : 1-70.

Barnard, C. I. (1938) *The functions of the executive*, Harvard university press.

Beckhard, R. (1969) *Organization Development : Strategies and Models*, Addison Wesley.

博報堂大学（2014）『「自分ごと」だと人は育つ』日本経済新聞社.

Hall, D. (1984) "Human resource development and organizational effectiveness," Fombrun, C., Tichy, N. M. and Devanna, M. A.(eds.) *Strategic human resource management*, John Wiley and Sons.

Jokisaari, M., & Nurmi, J. E. (2012) "Getting right connections : The consequences and antecedents of social networks in newcomer socialization," In C. R. Wanberg (Ed.), *The Oxford handbook of organizational socialization*, New York, NY : Oxford University Press., 78-96.

F. A. J. コルトハーヘン，武田信子・今泉友里・鈴木悠太・山辺恵理子（訳）（2010）『教師教育学――理論と実践をつなぐリアリスティック・アプローチ』学文社.

中原淳（2010）『職場学習論』東京大学出版会.

中原淳（2011）『知がめぐり，人がつながる場のデザイン――働く大人が学び続ける"ラーニングバー"というしくみ』英治出版.

中原淳（2014）『駆け出しマネジャーの成長論――7つの挑戦課題を「科学」する』中公新書ラクレ.

中原淳（2014）『研修開発入門』ダイヤモンド社.

中原淳（2015）「異業種5社による「地域課題解決研修」の効果とは何か？――アクションリサーチによる研修企画と評価」『名古屋高等教育研究』15 : 243-268.

Reddy, M. (1979) "The Conduit Metaphor," Ortony, A. (ed.), *Metaphor and Thought*, Cambridge : Cambridge University Press, 284-324.

Schon, D. A. (1983) *The Reflective Practitioner : How Professionals Think in Action*, Basic books.

高尾隆・中原淳（2012）『インプロする組織――予定調和を超え，日常をゆさぶる』三省堂.

第6章

生涯学習での学びを支える

山西潤一・柵　富雄

　新しい時代を切り拓く生涯学習の振興方策（中央教育審議会 2008年2月）のなかで，多様な学習機会の提供及び再チャレンジが可能な学習環境の整備と生涯学習プラットフォームの構築が強く求められている。ここで，生涯学習プラットフォームとは，地域の産学官などが連携して運営主体となり，学習コンテンツの開発，提供，学習相談，学習評価，インターネットを活用した学習提供システムの運用などを行う総合的な生涯学習推進体制のことと定義されている。国民の経済的な格差の問題や非正規雇用の増加，ニート・フリーター問題など，もはや画一的な学校教育のみでは解決が難しい問題が山積みしてきているのである。従来の学校教育におけるフォーマルな学習だけではない，生涯学習プラットフォームによるインフォーマルな学習も広がってきている。

　本章では，この生涯学習プラットフォームにかかる教育工学研究の一端を紹介しよう。

6.1　富山インターネット市民塾

　社会人のインフォーマルな学びの場を提供している典型的な例を富山インターネット市民塾に見ることができる。この富山インターネット市民塾は，名前のとおり，インターネットを活用した学習コミュニティの構築とそのコミュニティでの活動を通した地域活性化を目的に作られた。出発は，1998年に，経済産業省の「教育の情報化」事業に採択され，富山大学，㈱インテック，富山

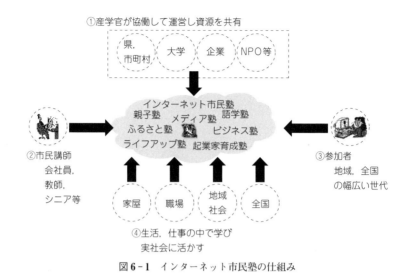

図 6-1　インターネット市民塾の仕組み

県の産学官による共同研究事業としてスタートした。

インターネット市民塾の当初の開発にあたっては，次の３つをねらいとした。
① 働き盛りの学習参加の機会を拡大する

インターネットの利用による時間や場所の制約の緩和
② 市民の知識交流を活性化する

一人ひとりが持つ知識や技術の経験をもとに他者との交流を促進。市民が学習コミュニティ構築に向けたネット教室の開設を支援する
③ 教えることで学びを深める

学習者から教授者へと，単に学ぶだけではなく，講師として教授活動をする中で自己の学びを深める。自己の経験の中に暗黙知として内在している漠とした経験知を，教えるという行為をとおして明示化された知にしていく。

インターネット市民塾では，インターネットを通じて，いつでもどこでもだれでもが容易に参加でき，知識や技術の習得や向上を目指す学習ができるのみならず，人と人との相互関係によって，学びを形成するコミュニティでの学びを重視してきた。従来のｅラーニングの多くが，伝達主義的学習を前提に構築されているのに対し，市民がお互いの知識や経験をもとに学び合う学習コミュ

ニティである。

6.2　オープン・エデュケーションと市民塾の学び

　近年，米国を中心に大学の授業のオープン化やカーン・アカデミーの取り組み等，オープン・エデュケーションに注目が集まってきている。インターネット市民塾の取り組みは，ある意味ではこれらの活動と共通するところもあるが，基本的な考え方では大きく異なっている。現在のオープン・エデュケーションが，カリキュラムに基づいた授業内容をオープンにしていく試みであるのに対して，市民塾での学びは，カリキュラムでの制約が限りなく低い。前者の学びでは，講師が設定した学びの到達点がある程度明確であるのに対し，後者はテーマはあるものの，そのテーマに興味関心のある学習者が，講師の話を得て，それぞれの経験や知識を述べ合い，テーマを広げたり深めたりする。市民講師とともに，集まった仲間で学び合う学習スタイルが多い。市民塾には学びを俯瞰するカリキュラムは厳密には存在しない。市民塾の講座開催の経緯にも特徴が見られる。前述したように市民塾の講座は市民講師によって開講されている。市民講師になるためには，特別な資格を必要としない。自分の経験してきたこと，学んできたことを誰かに伝えたい，自分の興味のあることを皆とともにより深く学びたいという思いのある市民の自発で成り立っている。ある講座の講師が，別の講座の受講生であることや，講座の受講生が，講座終了後，講師として講座を開講するといったケースも多い。講座を開講する講師は，開催するテーマや内容について何らかの問題意識をもっている。その問題意識に共感する人が受講者として参加する場合が多い。単に何かを学べればという受動的学習者ではなく，ともに学びたいという能動的学習者が多い。もちろん，市民塾は，一般にある生涯学習の教室とは異なり，「Teaching is best learning」という，能動的学びの講座であること。そこで，自らの知識や体験を地域に活かしませんかという案内のもとで作られた学習コミュニティである。

　市民塾の講師や受講生は，地域に生き仕事や家庭を抱える社会人，主婦，定

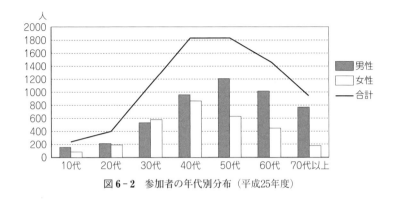

図 6-2 参加者の年代別分布（平成25年度）

年後の社会参加を望む高齢者等さまざまである。多くの社会教育施設等で行われている生涯学習講座等の受講生とは異なり，働き盛りの人たち，特に男性の参加が多いことも特徴である。男性の多くは，組織とは別に個としての幅を広げるための学びを求めている。また，母親世代，育児から開放された世代の女性も多く，自分を見つめなおし，新たな人とのつながりや地域社会への参画を求めて学習コミュニティへ参加する受講者も多い。近年は高齢者の参加が増えてきている。

6.3　学習コミュニティとしてのインターネット市民塾

　上述したように，インターネット市民塾では，知識や技術の習得やスキルアップを目指す学習のみならず，人との相互関係によって学びを深める学習コミュニティでの学びにその特徴がある。市民によって開講される講座・活動サークル全体の内，体験や活動発表などを含むコミュニティ型学習が半数以上をしめる。学習活動をとおして，参加者同士の知識や経験を加え合ってテーマに関する学びを深めていく「プラス・サム」の学習が見られる。いわば，参加者それぞれが学習者であり，知の提供者となる状況が生まれている。仕事や生活の場から学習コミュニティへの参加で，学習者の問題意識が高まり新たな知恵を生み出す活動も多く生まれてきている。

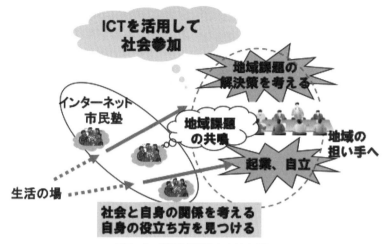

図 6-3　学習を契機とした社会参加

図 6-4　OECD によるキー・コンピテンシー

このようにインターネット市民塾への参加を契機として社会活動が促進される背景に，社会を生き抜く重要な力とされるキー・コンピテンシーの形成が考えられる。ここで，OECD の DeSeCo プロジェクトで定義されたキー・コンピテンシーを図 6-4 に示す。

ここで，人間関係形成能力は，グローバル化時代への対応として，歴史や文化の異なる国の人々がうまく関わり，協働して考えたり作業をしたりして，問題

を処理し解決できる能力である。また，自律的行動能力は,大きな展望をもっ
て主体的に活動すること，事業を自ら計画し実行できる力，自らの権利,利害,
限界などを認識して活動できる能力，最後の相互作用的道具活用能力は，道具
として，言語の活用能力，知識や情報を活用する能力，ICT を活用する能力
である。この OECD のキー・コンピテンシーと比較すると，市民塾活動で,
講座を自身で企画することは，自らの経験をとおして得た知識や技術を振り返
り，それを今後の生き方や社会参加にどのように役立てていくか，「自律と自
己教育力」を高める良い機会となっている。また，グローバル化とは若干異な
るが，市民塾への参加者は，世代や経験，背景もさまざまであり，異質な考え
をもつ人の集まりという意味では似ている。その中で学習コミュニティを運営
するには，コミュニケーション能力はもとより協調・協働作業能力などの人間
関係形成能力が鍛えられることは言うまでもない。また，学習コミュニティで
は，講師と受講者という伝統的な教授スタイルとは異なり，講師がコミュニ
ティの学びをリードすることはあっても，相互に教えあい学び合う場面が非常
に多く見られる。学習者が持つ潜在的な暗黙知が明示化されるとともに，課題
解決場面で互いの知の加算や融合が生まれ，それがソーシャルキャピタルを形
成することとなる。もちろん，フェーストゥフェースの学習とともにインター
ネットを活用したオンライン学習やネットでの議論が展開されることから，自
然と ICT という道具の活用リテラシーも高められる。これらをまとめると表
6-1のようになる。

　インターネット市民塾には，さまざまな学習コミュニティが形成されること
を述べてきたが，ビジネスの分野でも実践コミュニティが注目を浴びてきてい
る。ゼロックス学習研究所の Etienne Wenger ら（Wenger et al. 2002）によれば,
実践コミュニティとは，知識基盤社会にあって，テーマに関する関心や問題,
熱意などを共有し，その分野の知識や技能を，持続的な相互交流を通じて深め
ていく集団のことを言う。生涯学習にあっても，単に学ぶ喜びではなく，学ん
だ成果を自己の次のステップに活かし，社会参加に積極的になる主体的な生き
方が求められる時代である。市民塾の学習コミュニティにはそんな可能性を感

第6章　生涯学習での学びを支える

表6-1　インターネット市民塾におけるキー・コンピテンシー形成機能

キー・コンピテンシー		インターネット市民塾
【道具力】相互作用的に道具を用いる力		
（道具：ツール，言葉などの文化的手段）	新しい技術，手法を取り入れ活用する 知識・情報を活用する 状況を読み取り理解する コミュニケーションを図る	インターネットを活用 コミュニケーション技法 メールを活用してコミュニケーション ネットワークを通じた人のつながり デジタル・コンテンツにまとめ発信する 活動の記録を（デジタルで）残す 学ぶ力を学ぶ 教え方を学ぶ
【関係力】異質な集団で交流する力		
	場を作る 他者との関係を創る チームワークの中で役割を果たす 争いを処理し解決する	ネット・コミュニティ 地域間の交流 異世代，多様な職業人との学習交流 多様な生き方，働き方の人との交流 サポーター，メンター，コーディネーターとしての活動
【自分力】自律的に活動する力		
	一回り大きな展望を持つ 選択肢を持つ 可能性，リスクを分析する 現状から発展する計画を立てる 協力者を集める 討議する 進行を管理する	自身の経験，ノウハウ，学習経験を振り返る 受講者から講師へ 講座の企画，参加者募集，開催進行 地域課題に目を向ける 地域デビュー

じるのである。

6.4　一人ひとりの学びを活かすeポートフォリオ

　インターネット市民塾には，さまざまな学習コミュニティが形成され，そこでの学びが自己の成長と社会参加を推進する可能性について述べてきたが，本節では，それぞれの学びを支援するeポートフォリオの可能性について，市民

塾で行ってきた実証実験の成果から紹介する（山西ほか 2011）。システムの開発とその教育効果を実証的に明らかにすることは，まさに教育工学研究そのものであろう。

　eポートフォリオは，電子ポートフォリオとかデジタルポートフォリオとしても知られ，電子版の成果物としてテキストや画像，動画，ハイパーリンク等のさまざまなタイプの電子ファイルが保存される。また，それらの成果物を利用した，自身のリフレクションや，経験による能力の社会的証明等に活用できる。紙を利用したポートフォリオは古くから教育現場で活用されていたが（Zubizarreta 2009），電子化，Web アプリケーション化することで，eラーニングシステム等とのデータ連携，オンラインでの相談・指導，自身の成果のインターネット上への公開等，さまざまな新しい可能性が出てきた。紙とeポートフォリオの比較実験の結果，eポートフォリオのほうがよりよい学習成果を導くことを示した報告もある（van Wesel & Prop 2008）。

　後に述べるように，eポートフォリオには，学習者，教員等対象となるユーザ，授業，カリキュラム，生涯学習等，利用の期間や範囲によって，さまざまなタイプがある。市民塾では学習者を対象とした学習eポートフォリオで，年度をまたぐ等，ある程度長い期間，広汎な学習内容を想定している。

　LMS（学習管理システム Learning Management System）等のeラーニングシステムにより，時間や空間の壁を越えて学習の機会を得ることができるようになっただけでなく，個々の学習者の学習履歴の詳細なモニタリング，自動採点テスト，非同期のグループ学習等のオンラインならではの機能による効果的な学習も行えるようになってきた。また，学習成果物もデジタル化され，再利用可能な形で記録できるようになってきた。しかし，LMS は，通常は科目単位で管理されるため，あくまで科目を軸に整理され，個々の学習者を軸に，科目をまたいで学習成果をまとめることができない。LMS が科目単位なのに対して，eポートフォリオは，個々の学習者を軸に学習成果を蓄積・活用することができる。LMS はどちらかと言えば科目を提供する教授者側の視点で開発されているのに対して，eポートフォリオは学習者側の視点で開発されたものと

第6章　生涯学習での学びを支える

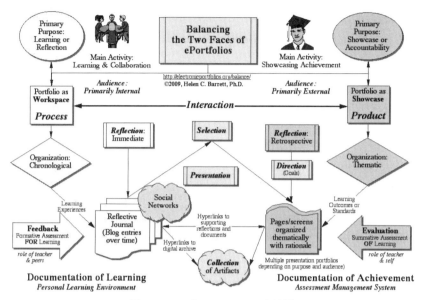

図 6 - 5　e - ポートフォリオの概念図
出典：Balancing the Two Faces of ePortfolios
http://electronicportfolios.org/balance/

も言える。この2つの軸は相反するものではなく，LMSにeポートフォリオ機能を付加することで，科目単位の学習成果を個々の学習者を軸にまとめなおし，その学習者のさまざまな学習成果を有機的に結びつけ，学習者自身による学習理解の促進や深化，次への目標設定などが可能になる。

学習eポートフォリオの重要な側面として，学習成果物の集積に加え，リフレクションによる学習理解の促進や深化を挙げたが，リフレクションを促進するにはメンタリングが効果的である。オンラインのメンタリングは，eメンターの配置や協調学習によるメンタリング等が可能であるが，その学習形態や目的等によって，どちらかないし両者の組み合わせも考えられる。さらに，オンラインと対面の組み合わせも考えられる。上手なメンタリングを行うことによって，学習意欲の向上や目的意識の明確化につながり，学習者の持続的学習を効果的に行うことができる。

ここで，一般的によく使われているeポートフォリオの概念について図6-5に示す。図に示すようにeポートフォリオは大きく2つの側面をもつ。図の左側半分に示される内部に閉じたリフレクションによる学習を深める役割と，右側半分に示されるショーケースといった学習成果を外部に提示する役割である。いずれに対しても学習成果の収集が不可欠である。左のリフレクションに関する部分では，学習中に，先生や仲間の学習者からフィードバックを得ることで，リフレクションを繰り返し，学習を深めることができる。この学習支援の役割を担う者にeメンターがある。eメンターの役割は先生や仲間の学習者が負うことが可能な場合もあるが，長い時間や広範囲の学習の場合は，先生や仲間の学習者がeメンターの役を演じることは難しい。また，メンタリングの一部の機能には，学習成果の蓄積度合いやリフレクションの書き込み数等，統計的・数値的に示せるものもある。

　ここで，特に市民塾のような生涯学習という観点で考えると，先生やそこでの学習者がeメンターの役を演ずることは難しく，個々の学習者の長期的な目標や地域・社会との関わりを考え，学習者が緊密に相談できる人材や同じ目的を共有できるコミュニティからeメンター役を置くべきであろう。

　右のショーケースに関する部分では，リフレクション等で改善されつつ蓄積された学習成果物を，外部の対象者に効果的に提示し，学習者の能力や活動実績を的確に理解してもらうことを目的としている。提示する目的や対象者に対して，もっとも相応しいショーケースを用意することが重要であり，目的に応じた複数のショーケースを設置することになる。

　さて，eポートフォリオといっても，その目的によってさまざまなタイプがある。eラーニングの国際標準化を行っているIMSでは，eポートフォリオのデータ互換を実現するための国際規格を提案している。具体的には，この規格のVersion 1 Public Draft Specificationの中のIMS ePortfolio Best Practice and Implementation Guideでの分類である（IMS 2005）。以下に，その内容を簡単に示す。

▉Assessment ePortfolios（評価eポートフォリオ）

評価者へ達成度を提示するために利用される。達成度を段階に分けて記述するルーブリックがよく用いられる。例として，大学の看護学生が卒業に必要な看護に関するコンピテンシーに対する学習成果を提示し評価を受けるために利用される。また，学部や学校が認証評価を受ける目的でも利用される。

▉Presentation ePortfolios（プレゼンテーションeポートフォリオ）

相手（評価者）に対して，学習成果や達成度を説得力をもって提示するために利用される。例として，ソフトウェア技術者が就職目的で，持っている資格や作成したプログラムのソースコードや雇用履歴などを示すのに使われる。また大学教員がテニアを取得するために用いられることもある。

▉Learning ePortfolios（学習eポートフォリオ）

時間をかけて学習内容を記録し，指導やリフレクションのために使用される。しばしば，メタ認知の促進や学習の計画，多様な学習経験を統合するために用いられ，正式な教育課程で最もよく活用される。例として，中等教育で学生に学習eポートフォリオを活用させ，一年を通じていかに技術的なスキルを改善していくか，学習過程を振り返り，次の学習に活かすために使われることがある。

▉Personal Development ePortfolios（自己啓発eポートフォリオ）

自己啓発のためのeポートフォリオは，リフレクション可能な学習，能力，活動実績の記録などと，将来計画のためのリフレクションから得られたアウトカムを含んでいる。このポートフォリオは学習eポートフォリオを内包しているとも言えるが，職能開発や雇用とも関連しているため，その範囲を越えて，プレゼンテーションeポートフォリオとしてもしばしば利用される。

▉Multiple Owner ePortfolios（共有eポートフォリオ）

eポートフォリオやプレゼンテーションの内容に複数人が関わり，学習内容やプレゼンテーションを発展，改善に寄与するために複数人に利用を許可するものである。上述のeポートフォリオの要素の組み合わせのようでもあるが，Webサイトやブログ等ではプレゼンテーションeポートフォリオの形式をと

り，グループ学習での利用では学習eポートフォリオの形式をとる。

■**Working ePortfolios**（ワーキングeポートフォリオ）

評価eポートフォリオ，プレゼンテーションeポートフォリオ，学習eポートフォリオ，自己啓発eポートフォリオなどの要素から構成される。NLII（Natinal Learning Infrastructure Initiative）の定義では，ワーキングポートフォリオは，複数のeポートフォリオの内容を含んだより大きなアーカイブとなっている。

以上のようにeポートフォリオ自体が非常に多様な形態を含み，またその対象となるユーザ（学習者，教員等），利用の期間や範囲（授業，カリキュラム，生涯等）も多様である。

6.5 市民塾でのeポートフォリオシステム

富山インターネット市民塾では，生涯学習 ICT プラットフォームのeラーニング機能，SNS 機能を利用し，さまざまな種類の講座，サークルが運営されており，大勢の利用者が学び合う学習プラットフォームとして有効に機能している。ここに，新たにeポートフォリオの機能を付加した。このeポートフォリオシステムでは，講座やサークルで活用されているeラーニングやSNS で蓄積された学習データを，eポートフォリオシステムから参照できるものとした。

学習者は，eポートフォリオシステムに蓄積した記録を，アドバイスや評価を行うメンター等のアドバイザーへ公開することができる。実証実験では，モデル講座での指導を行う講師，受講者のキャリアに関する疑問や悩み等に対しカウンセリングを行うキャリア・アドバイザー，受講者へのサポートを行うメンターをあらかじめアドバイザーとして登録した。アドバイザーは，モデル講座の受講者が公開した記録の閲覧と，記録に対する助言，評価を行うことができる。

ここでそれぞれの記録内容を紹介しよう。

第6章 生涯学習での学びを支える

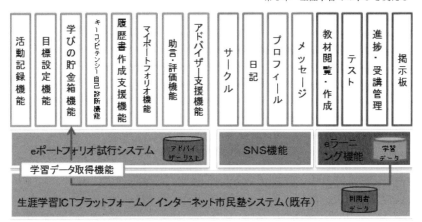

図6-6　市民塾におけるe-ポートフォリオシステム構成図

① 活動記録機能

　富山インターネット市民塾に参加する学習者は，学習活動を記録し，蓄積された記録をもとに学習活動を振り返ることができる。

　記録項目として，どこで何をしたかを示す「活動内容」，活動の結果を示す「活動の結果」，結果に対する「感想」があり，合わせて活動に関する画像の登録が行える。その他，目標設定機能で作成した目標に対し，どの程度目標を達成できたかを示す達成状況の記録も行える。できるだけ活動を行っている現場で，携帯電話等で手軽に活動の記録が行えるよう，Twitterで発信されたつぶやきをもとに，活動の記録が行えるようになっている。記録はテキストデータとしてダウンロードでき，学習のまとめなどに活用できる。他にも，講師やキャリア・アドバイザー，メンターなど学習者の指導的役割をもつアドバイザーに対しても，記録が公開できる。学習者はアドバイザーからの評価や助言をもとに，自身の学習について振り返ることができる。

② 学びの貯金箱機能

　学びの貯金箱機能は，自身が持つ資格やボランティア等の社会活動への参加記録，趣味・特技，人との出会い，読んだ本の感想，長所，短所などを記録で

115

アドバイザーにのみ公開 2011年01月10日	活動内容	今日、ゼミがあったので先生に相談してみた。先生から、企業で働く先輩たちを集めて、先生のお宅で就職に関する相談会兼飲み会をひらいてもいいぞ、という提案をいただいた。 先生には、先輩たちに声かけをしてもらうことになり、私たちゼミ生は、つまみや飲み物を調達することになった。
	学んだこと	自分だけで考えず、いろいろな人に相談すると、いいアイディアを得られるかもしれないということがわかった。
	感想	いままで頭の片隅でぼんやりと気になっていたことが、今回、先輩たちに話を聞くという目標を立てたことで、先生に相談するという行動に移れたと思う。 単なる飲み会ではなく、先輩たちから仕事についてしっかりと話が聞けるように準備を行いたい。
	画像	
	実績	目標: ゼミの先輩から、会社で働くことのやりがいを尋ねながら、会社で働くことに対する具体的なイメージを持てるようになりたい。 昨年、卒論テーマの絞り込みをサポートしてくれた〇〇先輩と話せる機会をつくり、今の仕事について尋ねてみる。 課題: 先輩に話を聞く前に、自分なりに働くことについてどの様なイメージをもっているのか、まとめてみる。 （交流，仕事） レベル □□□□□□ アドバイザーにのみ公開
	アドバイス	2011年01月19日 17:33 **活動の記録に対するアドバイス** 一人で考えていると煮詰まってしまうことも、まわりの人に相談してみると解決のヒントをもらえたり、手を差し伸べてくれることがありますね。 そうした人間関係を大事にしていきたいものですね。 活動 恵美 さんのアドバイス	返信

図6-7　活動記録機能をもちいて登録した記録

きる。活動の記録から学びの貯金箱へ転載したり，参加している学習講座での学習進捗状況や掲示板での自らの発言記録等を参照することもできる。図6-8に示すように，アドバイザーへ記録を公開した結果，アドバイザーからの評価や助言をもとに，学習の振り返りをすることができる。

③ 目標設定機能

　目標設定機能では，長期目標と短期目標の二つの目標が設定できる。

　長期目標では，目標とする内容の記録，達成期限の設定が行える。短期目標では，目標とする内容の記録，達成期限の設定のほかに，今の自分の状況や目標を達成するための課題の記録，目標の到達を示すための数値目標や達成度の

第6章　生涯学習での学びを支える

| アドバイザーにのみ公開 2011年01月01日 | 長所(自己PR) | 大学生活で、スキューバーダイビングサークルに入部し、2年生で副代表を努めました。

副代表では、早めの行動、各部員の個性や意見を尊重する事を常に心がけ、自分自身に責任感を持ち、一生懸命仕事をしました。 |
| | アドバイス | 2011年01月19日 15:50
「長所」に対するアドバイス
副代表として一生懸命取り組んだ仕事について、何か1つ具体的なエピソードを教えてもらえますか？
なにかエピソードがあると、仕事華子さんのよいところについて、より深く伝わるように思います。
<u>助言 愛 さんのアドバイス｜返信</u> |

図 6-8　学びの貯金箱機能にて登録した記録

アドバイザーにのみ公開 2011年01月04日 ～ 2011年03月31日	現状	会社で働くことに対する具体的なイメージがわかない。 会社で働いている先輩たちは、仕事に対してどんなやりがいを感じながら、日々働いているのだろうか？
	目標	ゼミの先輩から、会社で働くことのやりがいを尋ねながら、会社で働くことに対する具体的なイメージを持てるようになりたい。
	課題	昨年、卒論テーマの絞り込みをサポートしてくれた○○先輩と話せる機会をつくり、今の仕事について尋ねてみる。 先輩に話を聞く前に、自分なりに働くことについてどの様なイメージをもっているのか、まとめてみる。
	目標の種類	交流, 仕事
	現在の達成度	□□□□□ （4／5レベル） ⇒ 実績登録の履歴を見る
	目標に対するアドバイス	2011年01月19日 17:44 **短期目標に対するアドバイス** 企業で働く身近な先輩として、家族の方に話を聞いてみるのもよいでしょう。 ちょっとした機会に、働いておられるごきょうだいや父親、母親から話を聞いてみたらいかがでしょうか。 <u>講師 太郎 さんのアドバイス｜返信</u>
	自己評価	未登録
	評価に対するアドバイス	アドバイスはありません
	更新日時	2011年03月10日 09:24
		<u>編集</u>

図 6-9　目標設定機能を用いて登録した記録

表6-2 OECDのキー・コンピテンシー自己評価項目

〈カテゴリー1〉道具を相互作用的に用いる力（道具を使う力）
　　【言語，記号，テクストを相互作用的に用いる能力】
　　【知識や情報を相互作用的に用いる能力】
　　【技術を相互作用的に用いる能力】
〈カテゴリー2〉異質な集団で交流する力（人間関係を作る力）
　　【他者と良好な関係を作る能力】
　　【協働する能力】
　　【争いを処理し，解決する能力】
〈カテゴリー3〉自律的に活動する力（自分を高める力）
　　【大きな展望の中で活動する力】
　　【人生設計や個人的活動を設計し実行する力】
　　【自らの権利，利害，限界やニーズを表明する力】

設定が行える。活動記録機能を通して記録された目標に対する達成状況をもと
に，設定した数値目標の到達度や，現時点での達成度をグラフで確認できる。
活動を終えたあとや達成期限終了後に，自身が設定した目標とこれまでの活動
を振り返り，目標に対する自己評価として記録することができる。

　以上の記録は，アドバイザーへ公開することができ，記録を公開した場合は，
アドバイザーから目標や，目標の達成状況等に対する評価や助言を得ることが
できる。

④ キー・コンピテンシー評価機能

　学習者の目標設定を支援するため，自身のキー・コンピテンシーを自己診断
し評価する機能である。ここで，表6-2に示すキー・コンピテンシーとは前
述したOECDのDeSeCoプロジェクトで定義されたものである。総合的な知
が求められる時代にあって，「単なる知識や技能だけではなく，技能や態度を
含む様々な心理的・社会的なリソースを活用して，特定の文脈の中で複雑な課
題に対応することができる主要な能力としてOECDで定義された。診断シス
テムでは，この定義を参考に，国立教育政策研究所生涯学習研究部統括研究官
の立田慶裕氏が日常の社会生活に対応させた全部で45の質問から構成した（表
6-3）。

第6章　生涯学習での学びを支える

表6-3　キー・コンピテンシー自己評価項目

【道具活用力】	【自立的行動力】	【人間関係形成力】
1) 常用漢字を書く	1) 本を読む	1) 会った人の名前を覚える
2) 文章を書く	2) 2つ以上の違う見方ができる	2) 挨拶をする
3) 論理的に考える	3) 相手の立場を考える	3) 人の話をしっかり聴く
4) 図表を描く	4) 毎日の計画を立てる	4) 人を思いやる
5) 地図を読む	5) 仕事の段取りを立てる	5) 人を笑わせる
6) 外国語で外国人と話せる	6) 人生計画を立てる	6) 人をほめる
7) 暗算をする	7) お金の使い方を考える	7) 近所の人と話をする
8) 家計簿や収支表を作る	8) 時間の使い方を考える	8) 道を案内する
9) 情報収集をする	9) 自分の得意なことを持つ	9) できないことは断る
10) 知識を整理する	10) 電話で応対する	10) 人に助けてもらう
11) アイデアを考える	11) わからないことを尋ねる	11) 人に力を貸す
12) 携帯やパソコンを使う	12) 意見をはっきり言う	12) 苦手な人とも働く
13) eメールを書く	13) マナーや規則を守る	13) 社会や地域の課題を発見する
14) twitter や mixi, facebook などを使う	14) 自分をふり返る	14) 人を紹介する
15) プレゼンソフトを使う	15) 日記をつける	15) 人と交渉する

　学習者は，自身の状況に当てはめ，それぞれの項目に「1．しようと思わない」「2．あまりできない」「3．助けがあればできる」「4．ひとりでできる」「5．人に教えることもできる」の5段階で回答する。その結果が，図6-10に示すように，キー・コンピテンシーの3つの観点，「自立的行動力」「人間関係形成力」「道具活用力」毎に集計されレーダーチャートで図示されるシステムである。

　診断結果をもとに，道具活用力として，言葉や図表を使う力（漢字を書く，文章を書く，図表を描く，外国語で外国人と話せるなど），知識を使う力（情報収集，知識の整理，アイデアを考えるなど），テクノロジーを使う力（携帯やパソコンを使う，eメールを書くなど），自立的行動力として，異なる視点をもつ力（複数の見方ができる，相手の立場を考えるなど），計画や物語を作る力（毎日の計画を立てる，仕事の段取りを立てる，人生計画を立てるなど），

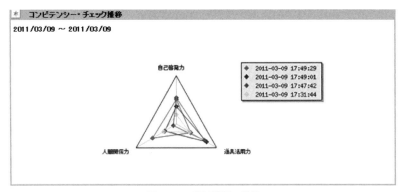

図 6-10　評価結果の推移

自己表現の力（意見をはっきり言う，自分をふり返る，日記をつけるなど），さらに，人間関係形成力として，関係を作る力（会った人の名前を覚える，挨拶する，人の話をしっかり聴くなど），協働で働く力（人を思いやる，できないことは断る，苦手な人とも働く，人に助けてもらうなど），問題を解決する力（社会や地域の課題を発見するなど）がどの程度あるのか把握できる。さらに，3つの観点毎に，改善のためのアドバイスが表示される。結果は全て蓄積され，観点毎の結果の推移をレーダーチャートで図示することができ，過去と現在の自分の状況について比較分析が可能である。

⑤ 履歴書作成支援機能

　eポートフォリオ試行システムを使って学習活動を行った人材を評価するためのデータとして，蓄積された学習記録が活用できるよう，履歴書やジョブ・カードの作成を支援する。あらかじめ，履歴書やジョブ・カードの記載項目がシステムに登録されており，学習者は，蓄積された記録を参照しながら項目を記載したり，学びの貯金箱機能を使って登録した記録を記載項目に転載することが可能である。さらに，登録した記載項目はテキストデータとしてダウンロードできるので，ダウンロードしたデータを加工・編集し，就職活動等で企業等が求める履歴データとしての活用が行える。

第6章 生涯学習での学びを支える

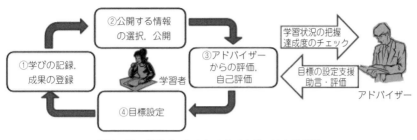

図6-11 学習プロセスとアドバイザーによる支援

⑥ マイポートフォリオ機能

活動記録機能や学びの貯金箱機能で登録された記録，アドバイザーからの評価・助言，目標設定機能を用いて設定された学習目標，キー・コンピテンシーの自己診断の結果等は，マイポートフォリオに一覧・概要表示される。学習者は，マイポートフォリオを通して，詳細な記録の閲覧や，記録の追加，編集が行える。

アドバイザーは，担当する学習者のマイポートフォリオを閲覧することができる。学習者のマイポートフォリオには学習に関するさまざまな記録が網羅されており，アドバイザーは，記録をもとに，個々の学習者に応じた助言，評価が可能となる。

⑦ 評価・助言機能

活動記録機能を用いて記録された学習活動の履歴や，目標設定機能を用いて作成した目標と目標に対する到達度，自己評価，キー・コンピテンシー自己評価の結果等をもとに，アドバイザーが記録に対して助言や評価を登録することができる。

また，学習者はアドバイザーからの助言，評価に対し質問等のコメントを登録できる。学習プロセスをアドバイザーによる支援の流れを図6-11に示す。

⑧ アドバイザー支援機能

　アドバイザー支援機能は，アドバイザーが担当する学習者の学習状況を一覧
で把握するための機能である。学習者の氏名などの情報に加え，学習者の最新
の学習状況として，最終のシステムの利用日時や，活動記録機能，学びの貯金
箱機能を使って学習者が登録した記録，アドバイザーからの評価・助言を確認
できる。また，担当する学習者が記録を行った際には，アドバイザー宛てに
メールで通知を行う。

6.6　eポートフォリオは学習の何を支援するか

　学習者が学習へのモチベーションを高める要因にはいくつかある。一つには，
学習目標が明確で，学習の成果が眼に見えることだ。目標も遥か彼方の高い目
標をいっぺんに目指すのではなく，その目標に向かっていくつかの段階を踏み
ながら，一歩一歩ステップを刻むごとく進める学習である。各ステップには到
達度目標があり，コンピュータ支援学習の中では達成できれば報奨が与えられ
るものもある。逆に達成できなければ，どこがまずかったかを分析し，より優
しいアプローチを促すチュートリアルもある。このように，自分の学習が目標
に対してどの程度進んだかを自ら実感できることは，学習の意欲付に効果が高
いことが知られている。

　eポートフォリオシステムの目標設定機能は，長期の目標と短期の目標設定
が可能で，短期的には達成目標が到達可能なものに，そしてその短期目標の後
に，長期目標としてのゴールを設定するのが望ましい。

　しかしながら，自分で，個々のステップごとに達成度を評価し，その分析の
結果，新たな目標設定を行えるのは，現実にはかなりしっかりした学習の目
標管理ができる能力の持ち主である。多くの場合，思うように自己管理できな
い。ここで求められるのが，メンターの役割である。メンターは学習者の学習
状況をチェックし，時に指導や助言を行い，時に悩みの相談にのることがある。
本システムでのアドバイザー支援機能がこれに当たる。メンターは，アドバイ

第6章　生涯学習での学びを支える

ザー支援機能を用いて，担当する学習者の最新の学習状況と活動記録などを見て，学習の進捗状況を把握し，学習への助言を行うのである。

市民塾では，時に講座の中で，学習システムやeポートフォリオに関する実証実験を行ってきた。システムを開発するだけではなく，そのシステムの教育効果や課題を実運用の中で実証的に実験することが，教育工学研究としての役割でもある。上述したeポートフォリオに関しても，再就職のためのチャレンジ講座と就活のためのチャレンジ講座をその対象とし研究された。ここでの学習は，講師による指導，学習者の自己学習，メンターによる学習支援と，約2ヵ月間の間，講師の学習管理のもとに学習者の自己学習とポートフォリオの活用が進められた。特に講座の最初に自己分析をテーマに学習が行われたことで，eポートフォリオのキー・コンピテンシー自己チェックやポートフォリオによる振り返りで学習へのモチベーションを高めることができた。限られた2ヵ月ではあったが，4回の対面学習とその間のeラーニングによる自己学習，日々の記録とメンターとのやり取りからeポートフォリオの可能性が見て取れた。

eポートフォリオを活用することで，学習者の学習にどのような行動変容が見られたか，具体的なeポートフォリオの効果について，概略をまとめておこう。

① 振り返りの効果による主体的な学習

学習者の最初と最後のコンピテンシーの変化の中で，最初は低かったが，最後に高くなった割合が顕著な項目として，「目標を達成するために計画を立てて取り組む」「計画の進み具合を確認し，必要に応じて計画を見直す」「自分に関することを日記やメモなどを使い記録に残す」など，日々の記録とその振り返りから計画の進捗具合を評価，改善しようとする態度の変容が見られた。受動的学習ではなく，自ら目標をもって，目標管理のもとに主体的な学習を進めるための学習支援としてeポートフォリオの可能性が認められた。

② メンターによるアドバイスで学習の継続へ

　自己学習におけるモチベーションの維持には，他者からのコメントや励ましが効果的だ。eポートフォリオのアドバイザー支援機能で，ポートフォリオに慣れない学習者も次第に記録を残すようになる。また記録に対する励ましのコメントで，さらなる学習への意欲が高まり学習の継続へとつながった。メンターとの信頼関係が強まるに連れ，ポートフォリオを介しての自己分析や目標設定の相談も多くなり，学習の継続性や意欲付に効果があった。

③ 学びの関係性支援

　講師による教授，メンターによる学習支援という関係の中で学習がすすめられた。しかし，学習は学習者同士の情報交換や励まし合いという，学習コミュニティの中でより効果的に進むという研究もある。既存のインターネット市民塾システムのSNS機能がその役割を担い，eポートフォリオとの連動の中で，学習者の学習への意欲付や継続的学習が進んだ。

④ 相手に合わせた自己アピール

　ポートフォリオには，活動の記録と共に，記録された活動の中から，企業等が求める項目で自己アピールするためのデータを抽出し再加工することが可能になっている。記憶に頼って書く履歴書ではなく，過去の学習や活動の事実が文字データのみならず写真などとともに再現されることで，自己アピールの内容と質の向上が認められた。ジョブ・カードとの連携で就職活動への活用も一層高められる可能性があった。

6.7 生涯学習でのeポートフォリオの可能性

　これまでに述べてきたように，eポートフォリオの意義は大きいことは言うまでもない。しかしながら，細かく利用状況等を見てみると，なかなか全ての項目を常に入力するというのは，学習者に過重な負荷をかけることになる。

ポートフォリオのもともとの意味にはさまざまな説があるが，どの説にもある程度共通な概念として「紙ばさみ」がある。投資家が個々に保有している株式や債権を一切合切放りこむことができる入れ替え自由なバインダーのようなイメージであった。教育におけるポートフォリオも同様に考えると，学習者自身が学習活動を通じて創りだす成果物データをできるだけ集めたものと考えるべきであろう。データが入力されないポートフォリオでは，なにも資料が挟まれていないただの「紙ばさみ」になってしまう。

　実証実験での利用状況からいえることは，ポートフォリオへのデータ入力はなかなか自発的には難しい。学習者は学習活動を通じてさまざまな成果物を産み出してはいるが，それらを敢えてポートフォリオに移し替えることは，新たな仕事を増やすことになり，煩雑な作業となってしまう。そこで，これらをある程度自動的に実施できるような仕組みが必要だ。また，学習者の多くは，SNS や Twitter といったソーシャルメディアを利用し，コミュニケーションを行っていることも多い。これらのつぶやきの一つ一つは他愛のないことであったとしても，これらが蓄積され，時間軸での整理や他のできごとと関連付けることで新たな情報も生まれる。予定表の情報も重要なデータになる。Google カレンダーなどは API が公開されており，これらを利用してうまくスケジュールデータを連動したり，蓄積されたデータを閲覧する際に，カレンダーをベースに資料が整理されたりすると，より効果的に，過去の自分の取り組みを振り返ることができる。さらに，それらを踏まえてこれからの予定，より具体的な目標設定も行うことも可能になる。また，これ以外にもさまざまな情報システムを利用している場合が考えられるが，それらとシームレスなデータ連携ができる仕組みを作り上げていくことが必要である。

　ポートフォリオは蓄積するだけでは意味がなく，そこに蓄積されたデータをどう整理し，関連付けて，新たな知見が得られるようにするかが重要である。データ整理の方法は大きく分けると，カテゴリー，あいうえお順，大小，マッピング，時系列といった5つ程度である。カテゴリーはカテゴリーを設定する段階で複雑に分類しているようにみえるが，実際にはカテゴリーという方法を

利用しているに過ぎない。ポートフォリオに蓄積されたデータを，整理して見せる方法には，言語処理技術や知的処理システムといった高度な処理技術を用いるものもあるが，とりあえずは，入力されたデータを，データの内容に関わらず時系列に整理して表示したり，携帯電話の GPS 機能などを用いて入力場所等の情報が得られれば，Google Map の上にマッピングして表示するなど，使い方によっては面白い効果が出てくる可能性もある。入力データには，利用者自身が作成するものの他に，利用者と関わる人からのコメント等も利用ができる。これらの管理については，個人情報保護や著作権の問題が関わる可能性もあるため慎重に進める必要があるが，これらも重要なポートフォリオデータであることに違いない。

6.8 地域人材を活かす e パスポートの開発

市民塾で学ぶ学習者の支援として e ポートフォリオに関して述べてきたが，本節では，学習成果を活かす支援をどうするか，教育工学的視点からのアプローチについて述べよう。学校教育後の社会人には，多様な経験と学びの蓄積があるにもかかわらず，それらを活かし，社会参加を支援する仕組みについては必ずしも十分ではない。

中央教育審議会の答申「新しい時代を切り拓く生涯学習の振興方策について」(2008年2月) では，「個の学びへの要求」とともに「社会の要請に応える学習」の推進が求められている。また，教育振興基本計画には，「学習した成果が社会で適切に評価され，活用されるよう，学習成果の評価の仕組みについて検討する」こととしており，「学習成果を活かす支援」が期待されている。

このような現状を踏まえ，富山インターネット市民塾では，市民塾の学習プラットフォームに e ポートフォリオ機能を実装し，幅広い世代の学習者が学びや活動を記録してきた。その結果，記録に基づく振り返りや自己評価を通した新たな学習目標の設定など，主体的な学習態度の形成が進むなどの教育的効果が見られ，e ポートフォリオの可能性について明らかになってきた。

第6章 生涯学習での学びを支える

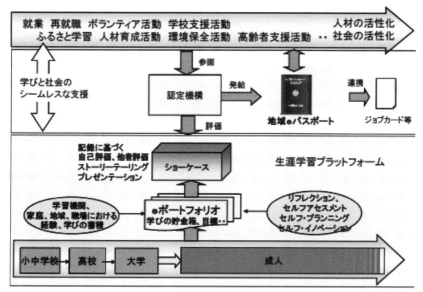

図6-12 一人ひとりの学習成果が評価され社会に活かされる地域基盤の目標イメージ

　一方，それらの学習成果を多様な社会参加に役立てる支援については，学習成果を社会的に認定するための評価の方法や，学習成果をさまざまな社会参加の機会に結びつけるための支援システムの構築が課題となっていた。

　生涯学習と就労が密に関係しているヨーロッパでは，ユーロパス（Europass）とよばれる個人の職歴，学歴，技能，能力を表す証明書が，職業訓練施設や各国に設けられたユーロパスセンター等で認定，発行される社会制度が既に整備され，EU 内のどの国でも記載された技能や資格が社会的に通用する枠組みとなっている。日本でも，このような個人の学習成果としてのeポートフォリオをもとに，社会的に評価・認証するeパスポート発給のための仕組みづくりが希求されている。図6-12 に，一人ひとりの学習成果が評価され社会に活かされる地域基盤の目標イメージを示す。

　そこで，学習者が学習成果を活かして社会参加することを支援する社会的認定システムの開発を目指した取り組みを試みた。開発と評価については以下を目的とした。

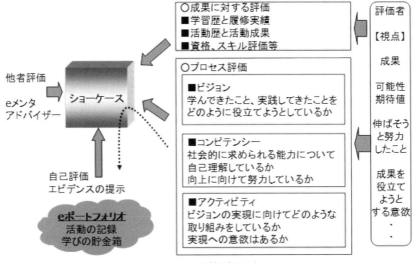

図6-13　人材評価モデル

1）学習者が社会参加の目標をインターネット上に提示するためのシステムとしてショーケースを設け，このショーケースを介して，地域人材として認定するための評価モデルを開発する。

2）認定に基づき，社会参加の機会を増やすための仕組みとしてeパスポートを開発，その可能性を検討する。

　地域人材としての活躍を望む学習者は，自身の経験や活動実績を振り返り，地域活動として自らが中心になって実施していきたい活動のテーマ，目標，準備状況などをeポートフォリオとして記録する。その記録をもとに，地域に対して，自分がどのような活動を行うことができるか，行いたいか，自己PRのためのショーケースを作成する。ショーケースは，テキストや写真のみならず，プレゼンテーションのための動画も取り込むことができる。このショーケースは，地域人材評価委員会の委員には公開される。

　ここで，評価委員会のメンバーは，地域の生涯学習を推進する次のような教育関係者から構成した。富山大学／富山県教育委員会／富山県民生涯学習カレッジ／富山県公民館連合会等。学習者が作成したショーケースをもとに，地

第 6 章　生涯学習での学びを支える

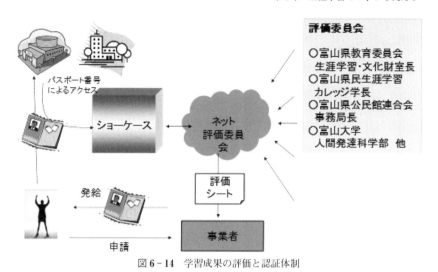

図 6-14　学習成果の評価と認証体制

域人材としての適性を，これまでの活動実績とともに，学んできた知識や技術，経験をどのように地域に役立てようとしているかのビジョン，そのビジョンの実現に向けての取り組み，コンピテンシーなど，評価規準に基づいて厳正に評価する仕組みを構築した。地域人材としての合格の基準をクリヤーしたものには，その証として地域eパスポートを発給し，公民館等地域の社会教育施設での活躍の場を拡げる支援とした。このeパスポートは，教育委員会や社会教育機関を含めた地域が一体となって保証することで，人材情報に対する信頼性を高め，人材や人材の持つ能力に対する社会的な通用性が得られるような仕組みとして考案したものである。活躍の場をもとめる学習者にとって，活動の実績を示すものであり，地域活動を担う人材を求める機関にとっても，単なる履歴ではなく，活動の実績やビジョンなどが電子媒体で，写真や動画を含めて見えることで，信頼性が高まるものであった。

　生涯学習として学んだ成果を地域に活かす枠組みを，学習者の立場と人材を求める組織の立場に立って，双方に利するシステムを開発し，その実運用の可能性を検討した。システム開発のみならず，学習内容と評価，運用制度の構築など，広く教育改善を考えることも教育工学の役割である。市民塾では実運用

システムとして運用を開始しているが，現時点で，明らかになったことをここに挙げておこう。

- 学習者がeポートフォリオ，ショーケースを作成することで，自身の持ち味や得意分野を再認識する機会となったこと，学んだことを生かした活動目標づくりに役立ったこと。
- 関係機関の支援を生かして地域活動の取り組みをより具体的に計画できたこと。
- 地域活動のテーマ，目標，実績などをショーケースに公開することで，従来の人材バンクで扱われる人材情報に比して地域人材一人ひとりの「個性」「人となり」がうかがえることから，関係機関の支援や活動の場の提供など活動機会の広がりにつながったこと。

このように，個々人の学習成果とそのような経験をもった地域人材を求める地域とのマッチングという点から，ショーケースでの公開は非常に有用であった。一人ひとりの活動動機，目標設定，活動のための学習・研究実践，成果のまとめや指導意欲がインターネットで公開されることで，文字では限られる情報以上に内容理解が進むことと，情報の広がりが見られた。生涯学習，社会教育に関する組織では，その目的に応じた生涯学習・社会教育活動を行なっており，組織間で連携協力し，ネットワークをより深化させることで，地域課題に対応した地域人材を生かす活躍の場の広がりが見えてくることが期待できる。

6.9 ま と め

生涯学習と教育工学の関わりを，インターネット時代に対応したインフォーマルな学びを提供している富山インターネット市民塾を例に取り述べてきた。ネット上での学習コミュニティを支援するシステムとして，どのような支援システムが効果的か，システム開発にあたっては，単に技術的問題ではなく，講師や学習者の教授行動や学習行動を考え，相応しいシステムになるような設計

第6章　生涯学習での学びを支える

が求められる。また，実運用システムのなかで，eポートフォリオなどの学習
支援機能が，どのように機能し効果をもたらすか，また，そこでの課題は何か
など，開発と評価の問題は，教育と技術の両者を研究対象とする教育工学の面
白さでもある。急速に進む高齢化社会のなかで，生涯学習でのインフォーマル
な学びは，今後ますます広がる可能性があり，教育工学研究の出番が求められ
ている。

参考文献

Etienne Wenger, Richard McDermott, William M. Snyder (2002)：Cultivating Communities of
　　Practice, Harvard Business School Press.（野村恭彦（監修），野中郁次郎（解説），櫻井
　　裕子（訳）（2002）『コミュニティ・オブ・プラクティス——ナレッジ社会の新たな知識
　　形態の実践』翔泳社）

文部科学省（2008）「中央教育審議会答申:新しい時代を切り拓く生涯学習の振興方策につい
　　て～知の循環型社会の構築を目指して～」
　　www.mext.go.jp/b_menu/shingi/chukyo/chukyo0/toushin/080219-01.pdf

文部科学省「平成22年度，23年度，ICTの活用による生涯学習支援事業:一人ひとりのe
　　ポートフォリオが社会に活かされる学習基盤の構築に関する調査研究（代表：山西潤一，
　　富山インターネット市民塾推進協議会，地域学習パスポート研究協議会），調査研究報
　　告書」（2011，2012）.

OECD Definition and Selection of Key Competencies (DeSeCo)
　　http://www.oecd.org/pisa/35070367.pdf

柵富雄・道本浩司・黒田卓・山西潤一（2013）「インターネット市民塾の学びを支える仕組
　　みの考察」『第29回全国大会論文集』235-238，日本教育工学会.

柵富雄・山西潤一・立田慶裕・杉本圭優（2012）「地域人材認定モデルの開発と地域eパス
　　ポートによる活動支援システムの試行——学習成果の社会的認定システムの開発を目指
　　して」『第28回全国大会論文集』823-824，日本教育工学会.

杉本圭優・柵富雄・黒田卓・山西潤一（2012）「地域人材の認定のためのショーケース作成
　　の試み」『第28回全国大会論文集』825-826，日本教育工学会.

Wesel, M. Van & A. Prop(2008)：The influence of Portfolio media on students and Learning
　　Outcomes, Conference paper at student mobility and ICT, Can E-Learning overcome
　　barriers of life-long learning?, 19-20 November 2008, Maastricht

山西潤一・柵富雄（2005）「学びの共同体と地域コミュニティの活性化——インターネット
　　市民塾から見えてくるもの」『メディア教育研究』第1巻第2号，35-44.

Zubizarreta, J. (2009) *The Learning Portfolio : Reflective Practice for Improving Student
　　Learning* (2nd Edition), Jossey-Bass.

第7章

博物館で学ぶ

黒田　卓

　生涯学習時代の今，博物館での学びが注目されている。学校とは違い，多様な目的をもった学習者に対して，どのような学びを提供すれば良いのか。多くの博物館において，展示方法の工夫，ハンズ・オン展示，ワークショップなどの参加型学習など，さまざまな取り組みが始まっており，教育工学研究にも期待が高まっている。

　また，博物館が有する公共的な知的資産をデジタル化し，インターネットを通して共有，活用するため，知のデジタルアーカイブの構築も進められている。単なるデジタル化を行う技術開発だけでなく，今後，長期にわたって活用するというユーザーの「使う」ということまでを視野に入れた，デジタルアーカイブ化の分野においても，これまでの教育工学研究の知見が生かされている。

7.1　博物館の学びと教育工学

　博物館は，社会教育施設の一つである。社会教育施設とは，社会教育法で規定されており，図書館，博物館，公民館，公文書館などが該当する。博物館とは，博物館法において，博物館，科学館，動物園，水族館，美術館，歴史館，産業館などを含む。厳密には，所管地域教育委員会の登録を受けた登録博物館および，それに相当する施設として教育委員会の指定を受けた博物館相当施設，それ以外に，博物館法で規定されていないが，類似の役割を担う施設として博物館類似施設が存在する。名称や登録があるかどうかの違いはあるが，一般的

にこれらすべてを博物館としている。

　昭和46年に出された社会教育審議会答申では、「博物館を単に収集品の保存・展示の場として考えるにとどまらず、わが国の未来の産業、文化生活を創造するための学習の場としてとらえることが重要であり……」とあり、博物館を学びの場として活用していくことが求められていることがわかる。

　平成17年1月28日に出された中央教育審議会答申「我が国の高等教育の将来像」では、21世紀は、著しく急速な科学技術の高度化や情報化により、新しい知識が、政治・経済・文化を始め社会のあらゆる領域での基盤となり重要性を増す、いわゆる「知識基盤社会（knowledge-based society）」の時代であると言われている。平成19年4月には、文部科学省において「これからの博物館の在り方に関する検討協力者会議」が設置され、今後の博物館の在り方や学芸員資格制度について議論が重ねられている。平成21年2月に出された第2次報告書「学芸員養成の充実方策について」において、大学での学芸員養成課程のカリキュラムの見直しが行われ、博物館教育論や博物館情報・メディア論が設置された。従来からの資料の収集・蓄積・研究・保管・保存・展示といった博物館に求められる機能に加え、資料を介した、あるいは来館者との直接的な対話等において高いコミュニケーション能力、地域課題解決への寄与等、新たな機能とそれを実践する能力が求められるようになった。収集された資料の保護、保存に関する技術も年々進化してきており、これらについての高い専門性、能力が求められるようにもなってきた。大学院での博物館学芸員養成課程の指導に関わる教育工学研究者も多い。

　学校教育では学ぶことのできないことを学んだり、学校教育での学びをより深めたりすることのできる学びの場として、博物館での学びは学校教育とも強く連携している。これまでも校外学習などの一環として、博物館への訪問が、学校の学習に取り入れられていたが、ICT（情報通信技術）の普及にともない、テレビ会議システムなどの利用も容易となり、年間を通した学習に位置づけながら、博物館を利用して学習を進める学校も増え、これらに積極的に取り組む博物館も増えてきている。また、博物館に展示されたさまざまな資料から、必

要な情報を読み取るためのリテラシーの育成も重要である。博物館の展示は，学芸員が何らかの意図をもって構成したものであり，そこには想定された対象や，学芸員自身が読み取ってほしいと考えている事を読み取りやすくする工夫が施されている。しかしながら，同じ資料から学習者が学びたいことは異なる可能性もある。資料をどう読み取るかは，学習者自身がどれだけ読み取る能力を身につけているかにかかってくる。このような ICT を用いた学習や情報リテラシーについての研究は，教育工学会において古くから取り組まれてきており，そのノウハウを取り入れた学習カリキュラムや教育方法開発が行われている。

　ICT の進展にともない，博物館は大きな変革の時を迎えている。新しい博物館では教育工学会が長年蓄積してきた，ICT を用いて学びをより豊かにするための数多くの研究の成果がさまざまな所で生かされている。博物館の展示や資料からの学びを追求した研究，博物館での学びの方法，来館者の行動の分析からより効果的な学びのあり方の検討を行った研究，学校や地域との連携の中での博物館の役割の検討を実践的に取り組んだ研究など，さまざまな研究を見ることができる。

7.2　より深い学びを支えるメディアを用いた展示

　ここ数年，博物館の展示は大きく変化してきている。特に，大型画像映像やマルチ画像映像，3D 映像，シミュレータ体験，バーチャル・リアリティ体験など，視聴覚装置（AV メディア）を利用した展示が充実してきている。これまでも，万博等で用いられた最新技術は，万博終了後博物館等で利用されることが多かった。たとえば，多くの博物館に併設されるプラネタリウムで見ることのできる半球状のスクリーンを用いた映像展示 OmniMax は，1981年に神戸のポートアイランドで行われたポートアイランド博覧会（ポートピア'81）のダイエーパビリオンで初めて用いられたものである。

　教育工学研究において，このような視聴覚メディアの利用については，数多

くの蓄積が行われている。特に最近では，携帯電話やスマートフォンが普及し，これらを活用することで，資料の持つ情報をより効果的に来館者に伝えるためのシステム開発，利用方法に関する研究が増えている。

　高田・堀田（2006）では，サイエンス・コミュニケーションの観点から，海の中道海洋生態科学館で取り組まれた新たな情報伝達（解説）取り組みが報告されている。これまで，博物館の教育的機能として，実物知の提供が重視されてきた。しかしながら，展示物を見るだけで学ぶだけでなく，それにいかに解説を加えていくかで，その効果が大きく変わってくることを指摘している。従来の博物館での情報発信は，展示に添えられる解説板や，機関紙，図録等の資料が中心であり，そこに掲載できる情報量，広報範囲，活用の柔軟性などで不十分な面があった。ここに情報通信技術を取り入れることで，これらの問題を解決できないか，さまざまな取り組みを通して実践的に研究が行われている。

　海の中道海洋生態科学館では，2000年よりISDN回線を利用したテレビ会議システムを用いて，学校等と連携した遠隔授業を実施している。そこでは，学校等の要望を考慮した学習パッケージを開発し，博物館の持つさまざまな情報をネットワークを通して遠隔地に配信できるようにした。この学習では，単発のイベント的な接続ではなく，年間を通した学校での学習活動に連動した取り組みとなるよう，学校との十分な打ち合わせを行いながら実施されている。

　当時ほとんどの博物館は，まだ十分なネットワーク環境が整備されていなかっただけでなく，遠隔授業を行う際に必要となるカメラやモニター等の設営，できるだけ少人数での運用などのノウハウについても，さまざまな取り組みから明らかにしている。この取り組みは，館内無線LANの敷設，学校のブロードバンドネットワーク環境の整備が進み，インターネットを利用したテレビ電話システムや携帯電話のテレビ電話機能を利用した方法に，メディアが変わってもその時々に一番使いやすいメディアを利用して，より深く学べる方法として発展している。

　携帯情報端末（PDA）を用いた学習支援にも，早くに取り組んでいる。来館者が博物館において学んだことをPDAによって記録したり，解説板では伝え

きれないさまざまな情報を，館内に設置したサーバから提供したりすることを通して，館内での学びを記録，蓄積し，それらを帰宅後，まとめたり，調べなおしたりすることができるようにした。テレビ会議システムの持つ即時性だけでなく，このようなシステムを利用することで，いつでも必要な時に，博物館での学びを振り返ることができるようになった。

テレビ会議システムの活用では，新しい技術開発にも取り組まれている。黒田ら（2006）は，ハイビジョン画質の双方向遠隔テレビ会議システムと，クロマキー技術を組み合わせ，講師が資料画像の中に入り込んだ形で解説を行うことができるシステムを開発している。このシステムでは同時に，講師がライトペンを利用することで，書き込みを行うことが可能であり，学習者の注目を集めたり，資料に加筆したりしながら説明することにより，より詳しい説明を行うことを可能としている。

博物館の学習が館内にとどまらず，外に飛び出していく方向に動く中で，ウェアラブル・コンピュータの可能性を検討した研究や，QR コード，AR（Augmented Reality），RF-ID（IC Tag），IPv6 の活用などの研究も数多く報告されている。

グローバル化の時代を迎え，博物館にも多様な来館者を迎えるようになってきている。これまでの日本語の解説板のみでは，来館者にきちんと情報を伝えることができなくなってきた。音声解説機などを貸し出し，多言語の解説を用意する博物館も増えてきている。解説板を，デジタルサイネージ技術を利用したディスプレイに替えたり，来館者が持つスマートフォン等を利用したりして，来館者のニーズに応じた情報の提供を行うことも始まっている。

RF-ID Tag には，携帯電話や電車の定期券等で利用されている近傍型（電波到達距離（〜数ミリ程度）のものから，数十メートル離れたところでも利用できる遠距離型のものまでさまざまな種類が揃っている。一般的に博物館で利用されているものとしては，近傍型のカードの ID に対して来館者の属性を埋め込み，展示物のそばに設置されたリーダにかざすことにより，来館者の属性に応じた情報を提示するものがある。来館者の国籍に応じた母語による解説を

提示したり，子どもには子ども向けの解説を提示したり，弱視等の視覚障碍等を有する人には文字サイズを大きく表示したりすることができる。遠距離型のタグは，電池が必要なものの，電波強度からタグとリーダ間の距離を知ることができる。これを活用することにより，同じ展示物を見る際にでも展示物までの距離によって異なる情報を伝えることができるようになる。

　遠距離型タグを用いた研究は，2004年に富山県庄川町で行われた。地域全体をミュージアムと見立て，この地域に数多く存在する石仏に遠隔型 IC タグを取り付け，学習者がリーダ付きのウェアラブル・コンピュータを身につけて散策しながら，それぞれの石仏にまつわる話を学ぶ活動を行った。当時はリーダとコンピュータ合わせて 1kg 程度のものを身につけなければならなかったが，現在では GPS 等の技術を用いることで，エアタグをつけた画像を見ながらスマートフォンを利用する形で実現が可能であろう。

　館内での解説をより充実させる技術として，ミクストリアリティ（Mixed Reality：MR）技術の活用の可能性の検討も興味深い。近藤ら（2006）は，国立科学博物館新館の「恐竜の謎を探る」のコーナーにある剣竜と鎧竜の展示を対象とし，展示物にインタラクティブな 3DCG を合成し，表示するシステムを開発した。ミクストリアリティとは，複合現実感とよばれる実在のものに人工的な情報を重ね合わせて表示する技術の一つである。

　このシステムは，ハンドヘルド PC に接続された Web カメラで展示物とその近くに設置されたマーカーを一緒に写しこむことで，Web カメラの映像に，3DCG を合成して表示することが可能である。画像の表示には，ハンドヘルド PC の画面や，HMD（ヘッド・マウント・ディスプレイ）が用いられている。

　近藤らのシステムはミクストリアリティを用い，実際に目の前に見えるステゴザウルスの化石骨格標本に，スケールや，特徴的な部位の名称を重ねて表示できる。また，化石からはわからない皮膚の色や模様として現在考えられているものを表示し，来館者の当時の様子の想像を手助けするものである。

　このような技術は，限られた展示スペースにおいて，より多くの情報を提示したり，来館者の学習ニーズに合わせた情報提供をおこなったりすることを可

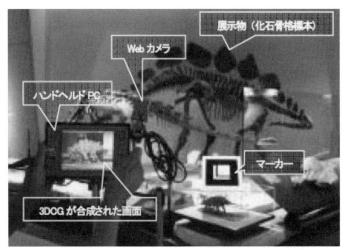

図7-1 ミクストリアリティ表示システム

図7-2 骨格標本に3DCGを合成した画面

能とするもので，今後の活用が期待されている。

　近年，アウトリーチ活動に力を入れる博物館も増えてきた。博物館の所有するさまざまな資料を館外の施設（学校，公民館，体育館等）に持ち出し，移動博物館として展示，解説を行なったり，地域と連携したサイエンスフェスティ

バルなどで講座や実験屋台を出したりすることで，博物館の活動をより広く知ってもらったり，博物館の所有する資料を幅広く活用してもらうための活動である。星屋ら（2011）は，長期間にわたって実施してきた博物館のアウトリーチ活動の効果について検討を行なっている。

7.3　多様な学びの支援や新しい学びへの挑戦

博物館での学習は自由度が高く，学習者のニーズは個々に異なり，さまざまなレベルの情報が求められる。博物館の展示でこれらにすべて対応することは不可能であり，あるレベルに設定された展示から必要な情報を読み取るには，学習者側にもそれなりのリテラシーが求められる。さまざまな学びを考える上で，学習の段階を事前，事中，事後に分け，それぞれに求められる学びの内容を考えていく必要がある。

奥本ら（2010）は，博物館で来館者が主体的に展示を理解・解釈することを支援するための博物館認知オリエンテーション教材の開発を行なっている。博物館来館前に，博物館の展示の意味を読み解き，自分なりに解釈するために必要となる先行知識を学ばせる教材である。奥本らはこの教材を利用した来館者が実際に展示を鑑賞した際に行ったアンケートとインタビュー調査の結果から，事前学習が鑑賞およびその理解・解釈に役立つことを明らかにしている。

また奥本ら（2012）では，先の成果を元に作成された事前学習教材と携帯端末を利用した館内学習支援システムを開発している。事前学習教材では，どのように鑑賞を行えば良いかといった鑑賞方略全般について学ぶのに対し，館内学習支援システムでは個々の展示資料についてのさまざまな鑑賞方略について説明するものとなっている。

携帯端末等が利用しやすくなり，必要な時に必要な情報を容易に入手できるようになった。またさまざまな展示に設置された QR コードや IC タグを読み取り，サーバにアクセスすることにより，どのような展示をどのような順で見てまわったかの履歴を記録することも可能である。これらの記録は，帰宅後の

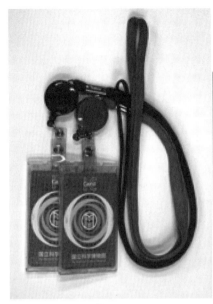 

図 7-3　　　　　　　　　　図 7-4

事後学習に活用することもできる。国立科学博物館では，来館者に貸し出したICカードを用いて，専用の展示情報端末に来館者の属性に応じた情報を提示するだけでなく，見学履歴を記録することができるようなシステムを運用している。来館者はICカード返却時にもらえるID番号を用いて，自宅から見学記録を確認し，Web上にあるそれぞれの展示の説明を学習することができる。

　博物館は単なる展示を行う施設から，新しい学びに取り組む施設へと変わりつつある。ハンズ・オンとよばれる，触って感じる展示や，これを取り入れたワークショップなども盛んに行われるようになってきた。2000年ごろから教育現場でも盛んに取り入れられ始めたワークショップであるが，実際に実施する場合，どのようなノウハウが必要となるのか，参加者の学びをより豊かにするためのファシリテーションはどうあれば良いのかといった専門的知識を有する学芸員はまだ少なく，なかなか実施に踏み切れない館も多い。

　森（2008）は，ワークショップのデザインを行う過程において，ベテラン実

践家はどのような特徴的な思考を有しているのかを発話思考法を用いて実験し，(1) 依頼内容に対する幅広い確認を行うこと，(2) デザインの仮枠となるデザインモデルを使用すること，(3) 保留や選択の余地を残した「やわらかな決定」を行うこと，(4) スタッフの育成に対する意識とデザイン力をもつこと，(5) 過去の実践体験の想起や経験から構築された慣習を用いてデザインを行うことの５つの特徴を明らかにした。これらの特徴は，博物館でワークショップを計画する際にも用いることができるだろう。

　科学館などを中心として，科学について科学者と一般市民が対話するサイエンス・コミュニケーション活動も広がってきている。市民が集まり，飲み物を飲みながら気楽に科学についての話をするサイエンス・カフェや，サイエンス・パブなども各地で開かれている。博物館の学びは義務ではなく，来館者一人一人のニーズにより，自由に学びが行われる。博物館法では，博物館の機能の一つとして，レクリエーションという言葉が用いられているが，これも単なる娯楽という意味ではなく，re・creation，つまり，気晴らし的な活動を通して，新たなものを創りだす活動を行うというように捉えるべきであろう。確かに，博物館に休日に訪れると，子どもたちが走り回り，親はベンチで居眠りをしているといった光景をよく見かけるが，単に楽しいだけの場所ではなく，楽しい学びを誰もが行える場として，さまざまな世代の人たちが集まり，語り合う場としていく必要があろう。

7.4　知のデジタルアーカイブ

　博物館の所蔵する数多くの資料を，いかに管理し，学びに生かしていくかということも，博物館の課題である。形あるものを収集・蓄積していくためには，それなりの保管・保存庫が必要となる。どの博物館でも，展示で用いている資料以外に大量の資料を保有しており，それらは併設された収蔵庫に保管されていることが多い。たとえば，国立科学博物館（創設時の名称は教育博物館）の2011年時点で収蔵品は407万5,991点，うち常設展示されている数は約１万４千

点で，収蔵品の約0.34％しか私たちは目にすることができないということになる。収蔵品は今後も増え続けることが容易に予想されるが，それらを収蔵する場所はそうは簡単に増やすことはできない。さまざまな資料の保存技術も高まっており，これまでだと経年劣化により資料としての価値を失うことのあった資料が，さらに長期間保存できるようになってきたことも，収蔵庫の圧迫によりいっそう拍車をかけている。

　現在の博物館が保存するものは，有形の資料ばかりではない。特に，地域の博物館においては，地域の歴史，文化，民俗などを後世に伝えるという重要な役割を担っている。これまでは，ものとして残っている石臼や鋤，鍬，古民家をそのまま移築保存などを行うなど，有形物の保存に力を入れてきた。しかしながら，地域の祭りや伝承芸能など，人が口伝でのみ伝えてきた文化は，伝える人がいなくなったら消滅してしまう。地方では人口流出や高齢化が進み，このような文化がどんどん消えていっている。これらをなんとか後世に残すには，映像による記録が欠かせないが，細かい所作一つ一つにこめられた思いや精神まで伝えるためには，単にニュース映像のように記録したものでは伝わらない。一つの舞を多方向から同時に撮影し，立体的に再生できるような記録を残しておかないと，その映像からより正確に再現をすることは難しい。

　生活様式がすっかりと変化してしまった現在，生活のための道具としてあたりまえに利用していたものも，見ただけではどのように使われていたかがわからなくなってしまっている。人々の生活，暮らしを伝えるためにも，映像記録は欠かせない。

　フィルムやVTRで記録された映像は，すでに再生するための装置がなくなってきている。石に刻まれた文字や洞窟に描かれた壁画は，何千年も残り，保存されているが，新しいものほど，保存が難しく，物として保存できてもそこから情報を読み取ることができなくなり資料としての価値を失ってしまうものが多い。映像だけでなく，音も重要な資料であるが，これも同様の問題を抱えている。これら映像・音声資料のもつ情報を後世に伝えるためにも，ICTが欠かせなくなってきている。

第7章 博物館で学ぶ

図7-5 フランスの切手に描かれたラスコー洞窟の壁画

　資料をデジタル化することによって，さまざまな活用の可能性がでてくる。また，それら資料をより有効に活用できるように整理し，まとめるためには，データベース等との連携が重要である。どのようなデータベースを構築すれば，より活用の幅が広がるのか，それらを維持管理していくためにはどのような技術や知識が必要となるのかも，十分に考えておく必要がある。教育で利用しやすいデータベースについても，さまざまな研究が行われており，それらの知見がより有効に働く場面も多いと考える。

　たとえば，埴岡ら（2004）は，自然共生研究センターの実験施設で撮影された実験映像やセンターの持つ多様な資料を用いて，学校教育で利用する研究を行なっている。本センターは独立行政法人土木研究所が所管する河川保全についての研究施設であるが，実験河川の見学を行なっており，専門の解説員や展示施設も有する施設である。通常観察することの難しい河川の浸食，運搬，堆積といった活動を大規模な実験河川を用いて実際の川に近い環境で観察することが可能である。そこでもつたくさんの資料や実験映像は，研究データとして利用するだけでなく，それらの一部を加工し，一般の人にも分かりやすい解説をつけることで，貴重な映像教材とすることができる。

このようなデータはさまざまな所で作られており，それらをうまくアーカイブ化し，ネットワークで利用できるようにすることで，沢山の人の役にたつ，知のアーカイブとして利用することができるようになる。

クラウド・コンピューティングという言葉も，あたりまえのように使われるようになってきた。情報社会はさまざまな記録が蓄積される社会でもある。たとえば，現在のスマートフォンの多くには GPS 機能が付けられているが，これらの記録を利用者属性とともに集めて分析することにより，年代や性別による行動パターンの解明などに利用することが可能である。このようなデータは，自動的に記録されていくため，大量のデータとなることが多い。単に集めるだけでなく，それらを適切に分析することができれば，これまで見えなかったさまざまな現象のしくみが明らかになることが期待されている。ビッグデータ分析とよばれる技術は，現在さまざまなところで利用され始め，これまでわからなかったさまざまな現象の意味や原因の解明が始まっている。今後，博物館の収蔵する資料がデジタルアーカイブ化され，各館のアーカイブが有機的につながることで，新たな学びのツールとなるだけでなく，未解明の問題の新たな解が見つかることもあるかもしれない。

7.5 博物館のこれからと教育工学研究

博物館は楽しいだけの博物館を卒業し，学びの機能を強化している。博物館は館を飛び出し，多様な学びの場を作り始めている。このような動きのさまざまな場面で，これまでの教育工学研究の知見が活かされ，また，これからもさまざまな研究が行われることが期待される。

展示や学びで用いることができるさまざまなメディアや技術が創りだされており，それらをどう活用することがよりよい学びにつながるのか，このような研究は教育工学が得意とする分野であろう。

2001年に開館した日本科学未来館の設立企画段階から関わり，副館長も務めた美馬は，日本科学未来館を「最先端の科学技術を展示するだけでなく，誰も

第7章　博物館で学ぶ

が議論し判断できる場としたい」と語っている。そのために，毛利衛館長が提唱する「Movement」，「Mobile」，「Media」，「Meeting」といった4つのコンセプトをもとに，各フロアに最先端の科学技術の展示を行い，体験型の展示や対話による解説を通して，来館者の学びにつなげていくことに取り組んでいる。展示フロアには最先端の科学技術を分かりやすく伝える展示解説員「インタープリター」として，専門的知識をもった大学生や若手研究者を配置したり，デモンストレーションや実験講座を展開したりしている。また，さまざまな人が集い，語り合う場としての役割を果たすための場の提供も積極的に行なっている。このコンセプトや取り組みは，日本科学未来館に限られたものでなく，言葉は多少異なるかもしれないが，多くの博物館に共通するものであろう。

　さまざまな世代を対象とした，多様な学びのニーズをもった来館者の学びを支援し，そこに集う人たちの対話，コミュニケーションを通して，さまざまな知を伝承し，新たな知を創造する。博物館はまさにすべての人にとっての学びの場なのであろう。メディアやコミュニケーション，学びというキーワードが示す通り，教育工学が取り組む課題と密接に関係した研究フィールドであり，今後もさまざまな研究が展開され，新たな学びが展開されることを期待したい。

参考文献

森田和延・柳瀬康宏・堀雅和・黒田卓・山西潤一（2002）「ウェアラブル・コンピュータを活用した野外学習支援システムの開発」『日本教育工学会研究報告集』JET0 2-5：43-48.

阿部光敏・長谷川直人・木庭啓介・守屋和幸・酒井徹朗（2004）「GPS・PDA による自然観察のための資料提示システム」『日本教育工学会論文誌』28（1）：39-48.

埴岡靖司・吉冨友恭・今井亜湖・前迫孝憲（2004）「河川実験施設との連携による動画コンテンツを用いた理科教育の実践」『日本教育工学会論文誌』28（3）：275-280.

鈴木浩・佐藤忠彦・山田晃嗣・石田亨（2006）「RFIDを利用した地理コンテンツ表示システムの開発と活用検証及び活用実験」『日本教育工学会研究報告集』JSET06-4：1-8.

高田浩二・堀田龍也（2006）「実物教育の限界を超える水族館での IT 活用」『日本教育工学会研究報告集』JSET06-4：47-54.

黒田卓・西原功・中島雅樹・楠田友彦・青木功介・林忠史・中野愼夫（2006）「高臨場感遠隔授業を容易にする HD 映像伝送アプライアンスの開発と実践での活用」『日本教育工学会研究報告集』JSET06-6：85-90.

近藤智嗣・芝崎順司・有田寛之・真鍋真・稲葉利江子（2006）「ミクストリアリティによる博物館展示システムの提案」『日本教育工学会論文誌』30（Suppl.）：45-48.

森玲奈（2008）「学習を目的としたワークショップのデザイン過程に関する研究」『日本教育工学会論文誌』31（4）：445-455.

佐野彰（2008）「観察者の幅広い動きに対応した AR システム「SIBS」の開発」『日本教育工学会論文誌』32（Suppl.）：69-72.

奥本素子・加藤浩（2009）「美術館学習初心者のための博物館認知オリエンテーションモデルの提案」『日本教育工学会論文誌』33（1）：11-22.

関友作・伊藤孝（2010）「ウェブと GPS を活用した野外観察データ共有システムの開発」『日本教育工学会研究報告集』 JSET10-1：45-48.

西澤美希・松永信介・稲葉竹俊（2010）「モバイル端末と RF-ID を利用した野外学習支援の実践と評価」『日本教育工学会研究報告集』JSET10-1：49-56.

奥本素子・加藤浩（2010）「博物館展示を理解・解釈するために必要な学習支援についての考察」『日本教育工学会論文誌』33（4）：423-430.

奥本素子・加藤浩（2012）「事前学習と館内鑑賞支援を連動させた博物館における展示鑑賞支援システムの開発」『日本教育工学会論文誌』36（1）：1-8.

星屋泰二・小島公人（2012）「関西光科学研究所およびきっづ光科学館ふぉとんにおける地域連携を目指したエネルギー環境教育活動の取り組み」『日本教育工学会研究報告集』JSET11-5：49-54.

日本教育メディア学会編集（2013）『博物館情報・メディア論』ぎょうせい.

株式会社内田洋行教育総合研究所（2004）最新技術について，誰でもが議論し判断できる場をつくりたい/日本科学未来館副館長　美馬のゆりさん，学びの場.com，内田洋行.
http://www.manabinoba.com/index.cfm/6,5286,12,html
（参照日2013.2.27）

第 8 章

ICT 学習空間と学び

山西潤一・大久保昇

　情報化が進展し，学校での ICT 環境が充実してきた。教室には無線 LAN 環境が整い，タブレット PC の導入が進みつつある。教室を見回してみると，プロジェクター，大型 TV モニターやスクリーン，実物投影機，電子黒板が整備されている学校も増えてきた。黒板とチョークの時代から，学習空間としての教室のあり方も変わってきている。従来の教室は，限られた空間の中でいかに効果的に知識や技術を教授するかという観点で，教室の前に黒板や教壇が設置された。他方，教育方法の研究も進み，一斉学習，個別学習，協働学習といった多様な学習形態に効率よく対応できる環境も求められてきている。本章では，近年急速に導入が進んできた ICT を活かした学習のための教室デザインや教室に導入された ICT 機器の活用に関して教育工学研究という観点で考えてみたい。

8.1　学習内容とその背景

　新しい学習指導要領では，「生きる力」を育むという基本理念のもと，基礎的・基本的な知識・技能の確実な定着とこれらを活用する力の育成に向けて教育内容の改善が図られた。いかに社会が変化しようと，自ら課題を見つけ，自ら学び，自ら考え，主体的に判断し，行動し，よりよく問題を解決する資質や能力の育成である。

　また，自らを律しつつ，他人とともに強調し，他人を思いやる心や感動する

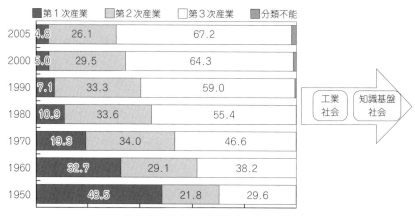

図8-1　日本の産業別人口構成の変化
出典：国勢調査平成17年度資料より作成。

心など豊な人間性を育むことも大きな目標となっている。

　新しい知識・情報・技術が政治・経済・文化をはじめ社会のあらゆる領域での活動の基盤として，飛躍的にその重要性を増す「知識基盤社会」の時代を見据えてのことである。知識基盤社会への変遷は，日本の産業別人口構成の推移を示す図8-1を見ていただければ明らかである。農業，漁業，林業などの第一次産業，この第一次産業から得られる資源を加工・製造する工業などの第二次産業が減り，情報通信，金融，医療，教育ほか様々なサービスを提供する第三次産業の発展が見て取れる。この傾向は日本のみならず世界的動向であって，工業社会で求められた，均質性や効率性を維持するための能力開発以上に，多様で複雑な問題を解決する能力が求められるようになってきたのだ。

　このような時代にあって，求められる能力として21世紀型スキル（Assessment & Teaching of 21st Century Skills）がある。これは，オーストラリア，フィンランド，ポルトガル，シンガポール，英国，米国の研究者が参画して研究されたもので，図8-2に示すように，4つのカテゴリーで10の能力が示されている。4つのカテゴリーとは，「考える能力」「働く能力」「道具活用の能力」「グローバル化に対応した能力」であり，各カテゴリーのもとに，より具体の能力があげられている。

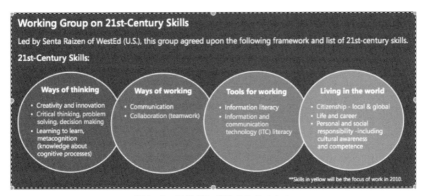

図 8-2 21世紀に求められるスキル
出典：http://act21s.org より．

考える能力：
　1）創造性や革新する力　2）批判的思考力や問題解決能力　3）学び方を学ぶ自己学習力

働く能力：
　1）コミュニケーション能力　2）コラボレーション能力

道具活用の能力：
　1）情報リテラシー　2）ICT リテラシー

　ここで，ICT を活用する能力は，情報通信技術というより具体的な道具を活用する能力として，情報を活用する能力と分けてある．

グローバル化に対応した能力：
　1）市民としてのあり方　2）生き方と職業　3）個とその社会的責任

　以上に見られるように，知識基盤社会にあって，教科の内容とともにこれらの能力を育成することが学校教育に求められている．

8.2　教育の情報化で進む学校の ICT 環境

ICT 活用については1990年代から進められてきているが，教育の情報化と

いう形で，その推進計画が始まったのは2000年度に始まったミレニアムプロジェクトからである。ICT の活用で，今まで以上に分かる授業を工夫し，児童生徒の学力を向上させること。生きる力としての情報活用の実践力を育て，ブラックボックス化する情報社会にあって，情報の科学的理解を深め，情報社会の光と影を理解し，情報社会に参画する望ましい態度を育成することなど，情報教育の推進であった。また校務の情報化で教員の負担の軽減化を図り，児童生徒に向き合う時間を増やすなど，大きく３つの目標のもと進められてきている。

2005年の第１次目標達成年度，2006年からの IT 新戦略改革などを経て ICT 活用の基盤整備が進められてきた。更に，2009年度の補正予算による，スクールニューディール構想で ICT の整備，特に電子黒板の普及が急速に広まった。毎年行われている文部科学省「学校における教育の情報化の実態等に関する調査結果」（2011年３月現在）によれば，普通教室の LAN 整備率は平均82％，コンピュータ1台あたりの児童生徒数は6.6人，更に授業に使われることの多い電子黒板は６万台を超えた。しかし学校や教室の数に比べれば，まだまだ日常的に活用するには程遠い状況である。

他方，図８-３に示すように，教員の ICT 活用指導力に関する調査では，授業中に ICT を活用して教科指導が出来る教員の割合は平均62.3％と高くはない。図のB項目が授業中に ICT を活用して指導できる能力を表す。それぞれB1 は興味関心を高める，B2 は課題意識を持たせる，B3 は分かりやすく説明し理解を深める，B4 はまとめで知識の定着を図る等の ICT 活用で「わりにできる」「ややできる」と回答した教員の割合を示している。これらの結果が示すとおり，全ての教員が自ら ICT を活用できるだけでなく，ICT を教科指導に活用できるようにする研修がまだまだ求められる。また，学校における教育の情報化の実態等に関する調査結果を県ごとに詳細に見てみると，ICT の基盤整備や教員の活用指導力において地域間格差，学校間格差があることも教育の機会均等の観点から問題である。

第8章 ICT学習空間と学び

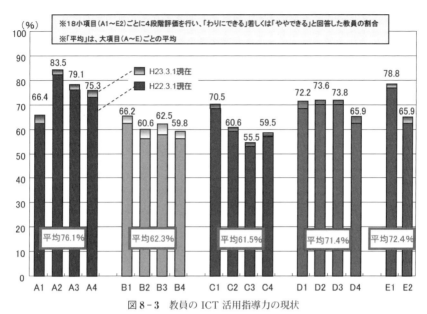

図8-3 教員のICT活用指導力の現状
出典：文部科学省2011教育の情報化の実態調査より引用．

8.3 教科指導におけるICT活用と情報教育

　新学習指導要領では，総則のみならず，各教科等の指導内容に多くのICT活用や情報教育的内容が盛り込まれた。そこでは，教員のICT活用指導力に基づく授業内容だけではなく，児童生徒自らがICTを活用して学習をすすめる授業内容も多くなっている。小学校総則，指導計画の作成などに当たっての配慮事項では，「各教科等の指導に当たっては，児童がコンピュータや情報通信ネットワークなどの情報手段に慣れ親しみ，コンピュータで文字を入力するなどの基本的操作や情報モラルを身に付け，適切に活用できるようにするための学習活動を充実するとともに，これらの情報手段に加え視聴覚教材や教育機器などの教材・教具の適切な活用を図ること」とされている。ここで重要なことは，従来の情報手段に慣れ親しむから，文字入力等の基本的操作を身に付け

151

るなど，適切に活用できる能力の習得が明確にされたことである。学習指導要領解説編によれば，コンピュータや情報通信ネットワークなどの情報手段の活用に当たっては，小学校段階ではそれらに慣れ親しませることからはじめ，キーボードなどによる文字の入力，電子ファイルの保存・整理，インターネットの閲覧や電子メールの送受信などの基本的な操作を確実に身につけさせるとともに，文書を編集したり図表を作成したりする学習活動，様々な方法で文字や画像などの情報を収集して調べたり比較したりする学習活動，情報手段を使って交流する学習活動，調べたものをまとめたり発表したりする学習活動など，情報手段を適切に活用できる能力の習得が求められている。小学校では，このような基本的操作を確実に身につけるための学習を各教科や総合的な学習の時間などを活用して行えるよう指導計画の立案が求められた。

　他方，中学校学習指導要領総則における同様の配慮事項において，「各教科等の指導に当たっては，生徒が情報モラルを身に付け，コンピュータや情報通信ネットワークなどの情報手段を適切かつ主体的，積極的に活用できるようにするための学習活動を充実する」とある。同じく総則の解説には，「コンピュータや情報通信ネットワークなどの情報手段の活用については，小学校段階において基本的操作を身につけることに重点をおいた学習活動が求められており，中学校段階においては，小学校段階の基礎の上に，課題を解決するため，自ら効果的な情報手段を選んで必要な情報を収集する学習活動，様々な情報源から収集した情報を比較し必要とする情報や信頼できる情報を選び取る学習活動，情報手段を用いて処理の仕方を工夫する学習活動，自分の考えなどが受け手に伝わりやすいように表現を工夫して発表したり情報を発信したりする学習活動など，情報手段を適切かつ主体的，積極的に活用できるようにするための学習活動を充実することが必要である。」との記述がある。小学校段階から中学校段階に及ぶ様々な学習場面で，情報活用能力の育成や情報モラル教育，ICT の適切な活用による教科学習の充実が図られているのである。ICT 環境の整備はもとより，教員自身の ICT 活用能力の向上が求められるのはいうまでもない。

第 8 章　ICT 学習空間と学び

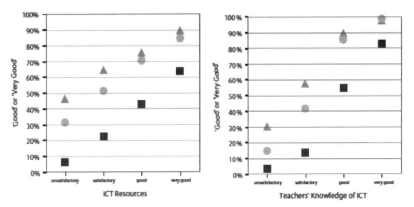

図 8-4　児童・生徒の ICT 活用技術は ICT 環境と教員の ICT 活用能力に依存
出典：Becta ICT Research 2003 より引用.

　ここで，児童生徒の ICT 活用技術は ICT 環境や教員の ICT 活用能力に依存するとの調査結果を図 8-4 に示す。英国の情報教育を進めた Becta による調査結果である。図 8-4 の左図で，横軸は ICT 環境，縦軸が児童生徒の ICT 活用能力調査で優秀及び大変優秀となった児童生徒の割合である。右図は，横軸が教員の ICT に関する知識や技術，縦軸は左図と同様で優秀以上の児童生徒の割合を示す。データでは，△が興味関心，○はやる気，■は活動の成果を表している。いずれにおいても，ICT 活用能力の高い教員の指導では，興味関心ややる気の高い生徒，実際の活動で優秀な成績を残す生徒が 8 割以上にもなり，指導力のない教員の場合，特に活動の成果では 1 割以下にまで低下することが示された。ICT 環境や教員の ICT に関する力量で児童生徒の能力に大きな差が生じることが示された。これらのデータに基づき，英国では，ICT に関する科目だけではなく，すべての教科の中で ICT を活用した指導や ICT を活用した生徒の学習が行われているなかで，すべての教師の ICT 活用能力を高める研修に力が入れられたのである。
　ここで教科指導への ICT 活用について学力向上の側面から考えてみたい。学校教育が抱える課題の一つとして，OECD が2000年から開始した PISA（国際学習到達度調査）の読解力に基づく習熟度別の生徒の割合は，2009年には若

図8-5 大きく写すことで理解が深まる
出典:高橋ほか (2009).

干回復したもののレベル2以下の下位層の生徒の割合が依然として多い現状が明らかにされた。この下位層の児童生徒への学習指導において,高橋ら (2009) によれば,ICT,特に実物投影機とプロジェクターを活用した授業の効果として,「大きく写せば子どもたちが集中し,理解もしやすくなる」「教員の指示・発問・説明が全員に行き渡る」などの結果で,特に言語能力の低いこどもの興味関心を高め,基礎・基本を確実に習得させることにつながるという調査結果が示された。

　このような従来型の一斉指導に加え,ICT の活用は,児童生徒一人ひとりの能力や特性に応じた個別学習にも有効である。もともとコンピュータの教育利用の始まりは,個に対する学習の保障にあった。同じ内容を同じ時間学習しても,理解度や達成度は一人ひとり異なるのが自然である。個のレベルに応じた学習内容を適度な繰り返しの中で学習させることで一定の到達目標に達することができるという研究は,コンピュータ利用教育 CAI が積極的に進められた1970年代から明らかにされてきた。ICT 技術の進歩で,誤答に対する指導としてのチュートリアルや理解の促進を促す動画やアニメーションによる学習

図8-6 英国の教室での能力別個別学習

なども開発され,より一層の個別学習が充実してきている。このような能力に応じた適当な課題の個別学習は,学力の下位層のみならず上位層の発展学習にも利用されることが多くなってきている。図8-6は,英国の教室での一斉学習後の個別学習の様子を示す。写真左奥の児童はコンピュータによる発展学習に取り組み,他の児童は個別の基本学習に取り組んでいる。わからなければ教師が個別指導を行うのである。児童生徒の学力を伸ばす工夫として,一斉と個別をうまく使い分けている。日本では伝統的教授スタイルとして一斉学習スタイルが多いが,学習展開に応じた一斉と個別指導がICT環境の充実で可能になってきている。

8.4 思考力・判断力・表現力等をはぐくむ学習活動へのICT活用

新学習指導要領総則の指導計画の作成に当たって配慮すべき事項で,今回特に言語活動の充実が重視された。前述したPISA調査における読解力で,我が国の子どもたちの学力は,全体としては国際的には上位にあるものの,読解力の低い層の生徒の割合が増加したことや記述式問題に課題があるとの指摘を受

けての改善であった。このため，配慮事項として「各教科等の指導に当たっては，児童の思考力，判断力，表現力等をはぐくむ観点から，基礎的・基本的な知識及び技能の活用を図る学習活動を重視するとともに，言語に対する関心や理解を深め，言語に関する能力の育成を図る上で必要な言語環境を整え，児童の言語活動を充実すること。」と示された。ここで，思考力・判断力・表現力等をはぐくむ学習活動の例として，平成20年の中央教育審議会答申で下記のように学習活動の例が示されている。

(1) 体験から感じ取ったことを表現する

(例)・日常生活や体験的な学習活動の中で感じ取ったことを言葉や歌，絵，身体などを用いて表現する

(2) 事実を正確に理解し伝達する

(例)・身近な動植物の観察や地域の公共施設等の見学の結果を記述・報告する

(3) 概念・法則・意図などを解釈し，説明したり活用したりする

(例)・衣食住や健康・安全に関する知識を活用して自分の生活を管理する

(4) 情報を分析・評価し，論述する

(例)・自国や他国の歴史・文化・社会などについて調べ，分析したことを論述する

(5) 課題について，構想を立て実践し，評価・改善する

(例)・理科の調査研究において，仮説を立てて，観察・実験を行い，その結果を整理し，考察し，まとめ，表現したり改善したりする

(6) 互いの考えを伝え合い，自らの考えや集団の考えを発展させる

(例)・将来の予測に関する問題などにおいて，問答やディベートの形式を用いて議論を深め，より高次の解決策に至る経験をさせる

　これらの学習活動を考えるとき，情報教育の目標の一つである情報活用の実践力を育てる学習活動と重なる部分が非常に多いことに気がつくであろう。情

第8章 ICT学習空間と学び

図8-7 実物投影機を用いて自分の調べた結果を発表する児童

報活用の実践力とは，課題や目的に応じて情報手段を適切に活用することを含めて，必要な情報を主体的に収集・判断・表現・処理・創造し，受け手の状況などを踏まえて発信・伝達できる能力のことである。教育の情報化に関する手引きで，情報活用能力を身に付けさせるための学習活動として，たとえば，国語科の「出来事の説明や調査の報告をしたり，それらを聞いて意見を述べたりする」学習の例が示されている。ここで，デジタルカメラを活用して写真を撮る。思いが伝わる撮り方も重要であるが，伝えたい内容に適した写真を選択する。それに文章をつけて発表する活動は，上述した(1)(2)に関連する言語活動に応用できる手軽で効果的な学習といえる。

図8-7に示すように，実物投影機やプロジェクターでまとめた結果をクラスで発表する体験をつむことで，調べたものを他者にわかりやすく伝える工夫など，まとめたり発表したりする表現力が身に付くことが期待される。発表者の意見を聞いてクラスで議論したり，互いに評価を行うことで表現力の改善と向上にもつながるのである。

また，図8-8はテレビ会議システムを用いて，市街地と山村の学校をつなぎ，生息するメダカを比較しながら，環境問題を議論する授業の一例である。

157

図8-8 テレビ会議を活用した学校間交流学習

　インターネット等の通信技術の進歩で，手軽に学校間交流授業が実施でき，そこで，地域性を考慮した学習も可能になってきている。

　グループで仮説を立てて，観察や実験を行い，その結果を整理し，考察し，まとめ，表現する道具にICTを活用することがしばしば行われる。個の学習ではなく，グループでの協同学習を通して，教科内容に関する思考を深めると同時に情報活用の実践力を習得する情報教育的教科学習である。ここでの評価には，当然のことながら教科内容に関する評価と情報教育に関する評価の2つの視点が求められる。また，目標に対する達成度では，明確に測れる評価と必ずしも測れないものが存在する。特に，意欲・関心・態度などの評価に関しては，望ましい行動を段階的な行動目標として記述し，どの段階にあるかを評価することが必要になる。さらに，一人ひとりに向上目標を設定させ，学習への振り返りとしての行動変容を自己評価させることも，次への向上意欲の喚起につながるのである。

8.5　インターネットを活用した協働学習

　10年後の学校では，子どもたち一人ひとりが学習の道具としてICTやインターネット等の情報通信機器を日常的に活用しているであろう。21世紀型スキルとして21世紀を生きる子どもたちに求められる能力については既に述べてきた。ICT活用やコミュニケーション能力はもとより，ネットワークを介して仕事をするコラボレーションの力，問題解決能力や批判的思考力，地球市民を意識した地域理解や社会性などの能力があげられていた。この21世紀型スキルの研究に参加したシンガポールでは，ICTの教育利用に積極的で，時代を先取りした先導的なフューチャースクールプロジェクトが2008年より進められてきている。このフューチャースクールでは，児童生徒一人ひとりが教科書やノートがわりにタブレット型パソコンを持ち，時に教科書として活用し，時に協働作業の道具として，インターネットで調べたことをもとに意見を書いたり，プレゼン資料を作成したり，教室での活動だけではなく屋外でのグループ学習など，様々な学習活動が展開されている。図8-9は，環境問題に関するディベートを行なっている小学校6年生の授業風景である。グループごとに賛成派，反対派に分かれ，インターネットで調べた結果をもとに，それぞれが意見を出し，代表がまとめて意見を述べ問題点を指摘する。各自の意見や調べた結果は刻々，中央の掲示板に流れ，互いの意見やそれを裏付ける根拠データが示される。まずは，調べたり意見を書くタッチタイピングの速さが早い。1年時からの情報の時間で慣れ親しみ，キーボードなどによる文字の入力，電子ファイルの保存・整理，インターネットの閲覧や電子メールの送受信などの基本的な操作を確実に身につけているのである。児童にとってICT活用は単なる道具の一つに過ぎない。筆者が訪問した時，校長が，「この学習では教科の内容理解に関わるディベートも大事なのですが，インターネットを活用すれば，一人ひとりの考えや仕事をネットの上で統合し，より質の高い成果をより早くだすことができる。インターネットを活用しての協同学習の体験が，インターネット

図 8-9　インターネットを活用した協働学習

時代を生きる児童に，学習の方法や仕事の仕方を学ばせることになっているのです。」と言われた言葉は，まさに知識基盤社会を生きる力としての ICT リテラシー育成に取り組んでいる現実そのものであった。

8.6　ICT 活用と教育工学研究

　幅広い知識と柔軟な思考力に基づく新しい価値の創造が求められる知識基盤社会を生きる児童生徒のために，確かな学力や情報活用能力の育成が求められている。学力の重要な要素として，基礎的・基本的な知識・技能の習得，習得した知識・技能を活用して課題を解決するために必要な思考力・判断力・表現力等の育成，主体的に学習に取り組む態度の形成が求められている。これらの学習活動を進めるには，個々の教員の授業開発能力が求められるのはもとより，教員の協働による学校全体の取り組みが不可欠である。ICT は教授のための，また学習のための道具に過ぎないが，この道具を適切に使うことによって学習者の基礎学力や表現能力を伸ばすことができる。基礎的・基本的な知識や技能は繰り返しの学習の中でより定着が図られことは，多くの教員が経験の中で知

第 8 章　ICT 学習空間と学び

るところである。また，思考力や判断力，表現力などは，特定の学年の特定の
授業のみで習得できるものではない。教科の中での学習やその結果として身に
つけた能力が，他の教科の中で学習場面を異にして展開されること，更には教
科横断的な学習場面の設計などが必要です。こうすることによって，児童生徒
は，発達段階に応じて繰り返し，ICTの基本的活用能力やそれらを生かして思
考力や判断力，表現力が養成される。ここで重要なことは，このような授業を
担う教師の教育技術力である。教育工学研究では，教員養成段階はもとより現
職教員を対象とした教育の方法に関する研修やその内容に関する研究が行われ
る。これまで述べてきた事例に見られる授業をデザインし，その効果を明らか
にすることは教育工学研究の重要なテーマである。一人一台タブレットの
ICT 学習環境が進むことで，ますます教育工学研究の広がりが期待される。

8.7　学校施設整備指針の改定で学校も変わる

　学習指導要領の改定や約60年ぶりに改正された教育基本法等において明確と
なった教育の理念を踏まえ，また地球温暖化等の環境問題などの社会状況の変
化に対応するため，2014年 6 月から，文部科学省において，現行の小学校及び
中学校施設整備指針の見直しを行うための検討が勧められ，2010年 3 月に，そ
れらの整備指針の改定が行われた。学校整備指針とは，学校教育を進める上で
必要な施設機能を確保するために，計画及び設計における留意事項を示すもの
である。この指針によって学校施設，具体には，児童生徒が学習する教室やそ
の他様々な学校環境の充実が図られる。ここでは，特に教育工学研究に関わる
内容について以下に記述する。
1 ）多様な学習内容，学習形態による活動が可能となる環境の提供
・学習内容・学習形態，発達段階などに応じた多目的教室の計画
・外国語活動における多様な学習活動に対応した空間の確保（小学校）
2 ）理数教育の充実
・多様な実験器具や情報機器等が活用でき，演示実験のしやすさに配慮した理

161

図8-10　多様な学習活動に対応する開放的で多目的な学習空間（シンガポール）

科教室の計画
- 多様な教育方法に対応するため，「理科教室」と図書館や視聴覚教室等との連携に配慮した施設計画

3）情報環境の充実
- 教室やオープンスペースなど，様々な場所（各室・空間）においてコンピュータ等の情報機器が利用できるよう情報環境の一層の充実

4）家庭・地域と連携した施設の充実

　ここで，具体例として，富山県滑川市立西部小学校の事例を見てみよう。西部小学校では，普通教室棟を増築し，既存校舎の耐震補強・改修と合わせて，発達段階に応じクローズからオープンに変化する校舎に情報環境を設け，自学自習と学び合い，地域との交流など，多様な活動を行っている。開放的な空間を利用した交流の場は，学年を超えて学び合える環境が整えられ，教室を含め

第8章 ICT学習空間と学び

図8-11 オープンで余裕のある情報学習室と隣接する図書館

た広い空間には廊下との間仕切り壁がないので，子供同士の交流が盛んに行われている。多様な学習課題に対応したグループ活動も幅広く行え，児童一人ひとりの発言回数も増えているという。

　個別学習，グループ学習に対応した情報学習室は，疑問や課題解決のためのオープンでリラックスできる環境として整備され，いつでも利用できるように整備されている。
この情報学習室と図書室は隣接した設計になっていて，本を読んでいて分からないことをパソコンで調べたり，逆にパソコンでの調べ学習のなかで，書籍をもっと調べたいという時に，いつでも自由に活用できるように連携した環境が構築されている。これら環境の中で，児童生徒の学習がどのように変容するか，環境が学習や行動にあたえる効果を地道にデータで明らかにしていくことも興味ある教育工学研究になろう。また，このようなオープンスペースを生かした学習指導や情報学習室と図書館の連携を生かした，授業設計や教育方法開発も，次代が求める研究として期待される。

8.8　未来の学習環境をデザインする

　学校や教室空間そのものを創造し，その可能性にチャレンジしている例を見てきたが，学習空間とICT技術を融合させた，より先端的な学習空間の開発

図8-12 ㈱内田洋行教育総合研究所の未来の教室
右は実物大に投影されたペンギン

も試みられてきている。図8-12は㈱内田洋行教育総合研究所の未来の教室である。ここでは，従来の一斉学習型授業はもとより，一人ひとりがタブレットPCを学習の道具として持つ時代を想定し，ICT技術をフレシキブルに活用できる学習空間を開発している。一人ひとりのアイデアや考えを共有できることは勿論，教師が提示したい資料やデータが壁一面に大きく展開される。大きく写すことで，児童生徒の考える視点が明確になり，理解が進むという研究結果も報告されている。一斉学習だけではなく，最近では，協働・協調作業能力を育てる協働学習も授業で多く取り入れられるようになってきた。一斉から協働へ，この学習形態に素早く対応できる学習環境として，図8-13のような机も考案されてきている。教師主導の一斉授業スタイルから，先生と生徒，生徒同士が活発にコミュニケーションを取る，そんな授業スタイルに対応した机や椅子も考案されてきている。

図8-12に見られるように，教材を実物大に拡大して表示し，比較分析したり，微小な生き物を顕微鏡で拡大して，その機能を観察するなど，従来の授業では難しかった可視化や表現をICTの機能で可能にした教室環境の構築も既に実用段階になってきた。

さて，学校建築技術やICT技術の進歩で，学校も画一的な学習環境から多様な学びに対応できる学習環境の構築へと時代が変わってきた。この背景には，これまで述べてきたように，児童生徒が生きる知識基盤社会が求める能力育成

第8章 ICT学習空間と学び

図8-13　一斉授業スタイルからグループでの議論へ，
多様な学習スタイルに対応した可動式椅子

が強く関わっている。

　さらに，教育方法に関しても，教師主導の伝達主義的学習指導のみならず，学習者主体の構成主義的学習指導も注目されてきている。アクティブ・ラーニングである。2013年6月の第2期教育振興基本計画で大学教育の質的転換として，学生が主体的に問題を発見し解を見出していくアクティブ・ラーニングの促進が提言されて以来，主に大学等でのアクティブ・ラーニングのための学習環境構築が加速してきている。

　この動きは，高等教育から次第に初等・中等教育へも広がってきている。この背景には，図8-14に示すような，アメリカ国立訓練研究所のEdgar Daleら等による教授形態と知識の定着度に関するものがある。教師主導の一方的講義より，学習者同士の学び合い，教え合いによる学習活動，すなわち受動的学習から能動的学習の割合が増すにつれ，知識の定着度が飛躍的に伸びるという結果である。

　このアクティブ・ラーニングを実践するには，従来での教師主導の伝達型学習形態から，グループワークやプレゼンテーションなど，学習シーンに合わせてフレキシブルに学習空間を変えることができる教室が望ましい。たとえば図8-15に示すように，教師や学習者が主導する伝達モード，互いに情報を共有

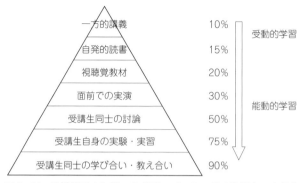

図 8-14　教授法別の知識の定着度，ピラミッドは学習者の主体的
　　　　　関与度を示す
　　　出典：Edgar Dale，アメリカ国立訓練研究所（1954）．

し，アイデアを創出するコラボレーションモード，様々なプレゼンテーションに対応できる発表・展示モードなどが，その一例である。　このように，インターネットや情報通信技術の進歩，タブレット PC の普及，フレキシブルな机や椅子の開発などで，教室の学習環境も随分変化してきた。教授方法や学習方法も，学習環境の変化と相まって変化している。技術が教師の新たな教育方法を開発する手助けになると同時に，教師の授業改善への思いで新たな教育に役立つ技術が開発される。次代が求める能力を育成するための，より良い学習環境を開発し，その効果を検証し，改善する。教育工学研究の成果が求められる。

参考文献
文部科学省（2008）小学校学習指導要領，同解説総則編
文部科学省（2008）中学校学習指導要領，同解説総則編
文部科学省（2011）平成22年度学校における教育の情報化の実態等に関する調査結果
高橋純・堀田龍也編著（2009）『すべての子どもがわかる授業づくり―教室で ICT を使おう―』高陵社書店
中央教育審議会答申（2008）「幼稚園，小学校，中学校，高等学校及び特別支援学校の学習指導要領等の改善について」（答申）
幼稚園，小学校及び中学校施設整備指針改定に係る事例集検討委員会報告（2010）
これからの小・中学校施設「小学校及び中学校施設整備指針の改定を踏まえて」
Dale,E (1954) Audio-visual methods in teaching (3rded). New York, The Dryden Press.

第 8 章　ICT 学習空間と学び

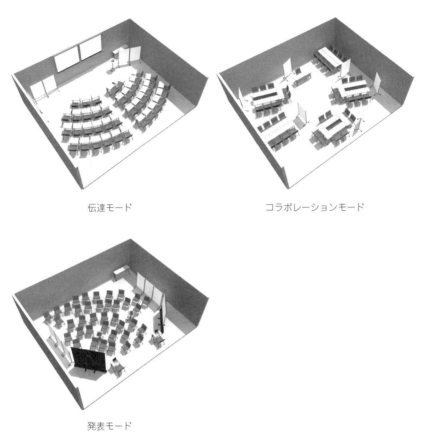

伝達モード　　　　　　　コラボレーションモード

発表モード

図 8 - 15　学習シーンに応じた教室デザイン

お わ り に

　教育工学研究を語るときに，よく，Technology push, demand pull と言われる。新しい技術が開発されることによって，その技術を活かした学習環境や教育方法が開発され，教育が革新されていくとともに，教育をより良くしたいという教師の思いが新たな技術を開発する原動力になるという。近年の新しい技術としては何と言ってもインターネットや ICT に係る技術であり，その応用としての教育機器である。また，教育工学が工学という 2 文字があるからといって，必ずしも工学技術ばかりを意味するものでもない。工学とは設計の学問であるという言葉もある。システムに関する適切な設計図があれば，設計図を読み解く力を持っていれば，同様のシステムを開発することが可能となる。システムを授業方法や指導技術と置き換えてみれば，より効果的な指導法に関する適切な手立てを明らかにすることで，誰でもが，より良い指導技術を身につけることができるのだ。教育工学の研究領域は，教育的営みが行われるあらゆる場面が対象となると編者らは考えている。学校教育は勿論のこと，企業教育であれ生涯学習であれ，博物館であれ，知の伝承が行われるあらゆる状況のもとで，教育工学研究の出番がある。
　第 2 巻では，「学びを支える教育工学」をテーマに，教育工学研究がいかに幅広い学びの場を研究の対象としているか，多くの読者に知って欲しいという思いで本巻を構成した。技術に主眼をおいたものも有り，教育内容や方法に主眼をおいたものもある。ICT 関連技術を活かした教育改善という点では，教育の情報化施策の進展のもと，学校教育や高等教育での教育工学的研究が多い。ここでは，新たな技術開発といった視点より，携帯情報端末の特性を活かした授業方法の開発，電子黒板の拡大提示機能を活かした双方向授業の展開方法，21世紀型スキルと言われる，次代が求める能力育成に向けた新しい学校環境構築など，新しい技術の教育的活用や学習環境デザインに係る研究が多い。他方，

実践とともに重要になってくるのが，新しい教育方法や教材活用の効果の測定と評価である。学校教育での教育工学研究は，技術を効果的に活用する授業デザイン，教室や大きくは学校全体の学習環境の設計にまでに及ぶのである。そこでの教授方法や学習方法，活用した教材の効果や課題を明らかにすることに教育工学研究がその役割を果たしている。

　学校教育と違った視点での教育工学研究として，企業教育や伝統文化の継承を取り上げた。企業教育にあっては，企業が求める人材育成を，いかに効率的に行うかが課題となってきているという。また研修方法も従来の伝達型研修ではなく，対話とリフレクションや演劇（即興劇）的手法を使った研修，プロジェクト型学習（PBL：Project Based Learning）といった双方向性の高い研修が多くなっているという。学校教育では，学習者の主体的で持続可能な自己教育力の育成に向け，アクティブ・ラーニングが声高に叫ばれているが，企業教育においても同様で，これらの研修のデザイン，可能性や評価に教育工学研究の更なる広がりが感じられる。次に，伝統文化の継承に関する人材育成である。この分野では，従来，熟達者の模倣に始まり繰り返しの練習により習熟にいたるとされていた。テクノロジーが入り込むのはせいぜいビデオによる振り返りであった。ここで紹介されたデジタル技術の活用は，熟練者と学習者の行動を，手足につけたモーションセンサーで精密に測定し，CG で再現してみせたことである。理解しづらい運動感覚を客観的に CG 化することで，熟練者の勘所が学習者にも可視化され把握できるようになったのである。編者にとって興味深かったのは，先端技術の活用はもとより，熟練者の「思い」を大切にして伝えるテクノロジーのあり方について著者が論じている点である。教育工学研究の新たな分野が見えた気がした。博物館や科学館等，来館者の興味関心を引くと同時に，小学生から大人までのあらゆる世代を対象に，その内容理解を深めるために，いかに分かりやすく，体験的活動を通した学習場面を提供するかが，これらの教育施設の工夫でもある。テクノロジーの機能を最大限生かした学習支援という点では，最も教育工学的技術が活かされる研究対象といえる。小型化する RF-ID を活かした展示説明教材や，3 次元 CG による複合現実感の実

おわりに

現で，現実にはありえない本物の恐竜と接しながら学習できる技術など，新たな教育・学習方法の開発など教育工学的研究が広がる。生涯学習での学びでは，学校教育との大きな違いは，対象者の不均一性である。学習テーマへの興味関心が同じというだけで，世代も，それまでの経験や知識も異なる。ここで示された，これらの不均一な学習者に対する「知のフリーマーケット」という考え方は，学習コミュニティの中で，それぞれの経験や知識を他者に伝え，ともに学び教え合うという学習共同体という考え方である。単に学習者として，知識や技術を学ぶのではなく，講師になって，教えるという活動を通して，自らの経験や知識を明示化し，講師自身が学びを深化していくという。ここでの教育工学研究は，講師の教えるという行為を，明示化していく支援方策である。企画のための振り返りシートや教授・学習過程を明示化し，自ら課題や次の目標を設定するためのeポートフォリオなど，ICTの技術を活かした個に対応した学習支援や学びをとおしての絆作り，ひいては，地域創生人材として地域課題を解決していくリーダ的人材の育成など，インフォーマルな形での学び支援という教育工学研究が見えてくる。

　教育工学研究は，教育内容，教育方法，教育環境の開発や実施，そこで得られる学習成果のデータに基づく実証的教育効果の検証といったサイクルで実施される。前述したように，学びを支えるあらゆる教育活動が対象となる。次代が求める資質も，情報化，国際化の進展という社会的背景の変遷で常に変化してきている。教育に関しては誰でもが経験し，自らの体験でものが言える。一億総教育評論家の時代だ。そのような状況にあって，教育工学研究は，個であれ集団での学びであれ，常に実証的に開発・設計と実施・評価を繰り返し，そこに客観的知見を明らかにしてきている。学びが展開されるところに常に教育工学研究がある。その意味で，様々な分野の研究者，これから学びや教育の研究に踏み出そうとする学生や大学院学生の皆さんに，教育工学研究の多様性と柔軟性を理解していただければ幸いである。

　最後に，教育工学の多様性と編者の能力の問題から，この企画を立ててから，出版に至るまで随分時間が立ってしまったことをお詫びしたい。教育工学研究

が，より一層幅広く展開することで，一人ひとりの学びへの満足感が高まり，教育が豊かになっていくことを期待して，この巻のまとめとしたい。

山西潤一，赤堀侃司，大久保昇

索引（＊は人名）

A-Z

AR 136
＊Brown, A. 14
CG アニメーション 61,62
CMC 37
＊Collins, A. 14
Constructivism 35
＊Dale, E. 165
DeSeCo プロジェクト 107
Design Based Research 14
e パスポート 126
e ポートフォリオ 109
HMD 137
ICT 133
ICT 環境 149
Instructivism 35
IPv6 136
Learning bar 97
LMS 110
Off-JT 88
OJT 88
PISA（国際学習到達度調査） 23,153
QR コード 59,136
＊Reeves, T. 15
RF-ID 136
TIMSS 21
Training the Trainer プログラム 93
＊Wenger, E. 108

ア 行

アクティブラーニング 87,165
アドバイザー 121
アフォーダンス 8
アンラーン 92
＊イリッチ, I. 53
インターネット 31

インフォーマルな学習 103
ウェラブル・コンピュータ 136
演劇（即興劇） 89
オープンスペース 162,163

カ 行

学習棄却 92
学習形態 34
学習コミュニティ 97,105
課題分析 6
学校化 52
学校間交流授業 158
学校整備指針 161
慣性センサ式モーションキャプチャ 70
キー・コンピテンシー 107,118
機械を使う 55
客観的な視点 78
教育振興基本計画 126
教育の情報化 149
教員の ICT 活用指導力 150
教師教育研究 94
教室デザイン 167
教授形態と知識の定着度 165
協働学習 38,159
経験的なノウハウ 2
継承支援 69
携帯情報端末（PDA） 135
携帯メール 56
系統主義カリキュラム 32
劇団わらび座 65
構造化 4
公平さ 54
国立科学博物館 140
個人の存在 3
個に対する学習の保障 154
個別学習 33
個別指導 36

173

コンピュータ 30

サ 行

思考力の指導 26
師匠 71
市場原理 48
視線の集中 1
視聴覚機器 30
実物投影機 154
自分との対話 11
授業評価 46
熟達者 62
出席確認 51
生涯学習の振興方策 103
生涯学習プラットフォーム 103
状況的学習論 33
情報活用の実践力 157
ショーケース 112
＊ショーン, D. A. 1
シラバス 41
自立的行動力 119
人材開発 86
スキーマ 9
説明責任 43
組織調査 98
存在感 3

タ 行

大学運営 43
対話とリフレクション 89
＊田中毎実 52
知識基盤社会 148
知識構造 5
デジタルアーカイブ 132
デジタル化 34
デジタル教科書 32
デジタル・テクノロジー 61
手の動き 66
テレビ会議システム 157
電子黒板 12,32
伝統芸能デジタル化プロジェクト 62

道具活用力 119
富山インターネット市民塾 103

ナ 行

21世紀型スキル 148
日本の伝統技芸 61
人間関係形成力 119
人間の情報処理 33
認知カウンセリング 29

ハ 行

＊バフチン, M. 13
反省的実践家 1
非自分化 77
一人一台タブレット 161
ファカルティ・デベロップメント（FD）87
フィンランド・メソッド 28
振り返りカード 11
プレゼンス 3
プロジェクター 32
プロジェクト型学習 89
分析力の指導 28
法霊神楽 69

マ 行

マイポートフォリオ 121
ミクストリアリティ 137
未来の教室 163
ミレニアムプロジェクト 150
民俗舞踊 62
メタ認知の指導 29
メディアの変遷 30
モーションキャプチャ 61,62
模倣 62

ヤ・ラ 行

ユーロパス 127
養成所 65
リアルタイム 71
リフレクション 112

索　引

ワ 行

ワークシート　8

ワークショップ　86
わざ　61

執筆者紹介（執筆順，執筆担当）

赤 堀 侃 司（あかほり・かんじ，編著者，東京工業大学名誉教授）　第1・2・3章

佐 藤 克 美（さとう・かつみ，東北大学大学院教育学研究科）　第4章

渡 部 信 一（わたべ・しんいち，東北大学大学院教育学研究科）　第4章

中 原　　淳（なかはら・じゅん，東京大学大学総合教育研究センター）　第5章

山 西 潤 一（やまにし・じゅんいち，編著者，富山大学名誉教授）　第6・8章

柵　　富 雄（さく・とみお，富山インターネット市民塾推進協議会）　第6章

黒 田　　卓（くろだ・たかし，富山大学人間発達科学部）　第7章

大 久 保 昇（おおくぼ・のぼる，編著者，株式会社内田洋行代表取締役社長）　第8
　　　　　　章

教育工学選書第2巻

学びを支える教育工学の展開

2018年3月31日　初版第1刷発行　　　　　　　　　　〈検印省略〉

定価はカバーに
表示しています

編著者	山	西	潤	一
	赤	堀	侃	司
	大	久	保	昇

発行者　　杉　田　啓　三

印刷者　　坂　本　喜　杏

発行所　　株式会社　ミネルヴァ書房
607-8494　京都市山科区日ノ岡堤谷町1
電話代表　（075）581-5191
振替口座　01020-0-8076

©山西・赤堀・大久保ほか, 2018　冨山房インターナショナル・新生製本

ISBN 978-4-623-06362-8
Printed in Japan

授業研究と教育工学

――――水越敏行・吉崎静夫・木原俊行・田口真奈著　A5判 216頁　本体 2600 円

●授業研究とは何か。授業改善と教師の力量形成のために行う授業研究を，現在の日本の動向（研究領域の確立，教師の成長，ICTの活用，大学の授業までの広がり，学校改革，国内外の視点からの見直しなど）をふまえて解説。

情報教育・情報モラル教育

――――稲垣忠・中橋雄編著　A5判　216頁　本体 2700 円

●ネットワーク社会と言われインターネット・情報端末の利用が拡大するなか，情報・コミュニケーションのありようが大きく変容している。本書では，自分の身を守る知識と，必要な情報を正しく区別する判断力，それを活用する力を養うこと目標とした情報教育・情報モラル教育を，体系的に実施するための技法を解説，その実例を紹介する。

職業人教育と教育工学

――――中山実・鈴木克明編著　A5判　234頁　本体 2700 円

●さまざまな職場における職業人への要求とそれを満たすための職場内外での教育・訓練について論じる。職業人が参加する教育や学習に関して，それを取り巻く教育制度，知識やスキル，教育学習の理論や支援などを解説。職業人の成長・発達に資する教育工学の研究成果と，実際にそれらの知見が職業人教育に生きる具体的な方法論と事例を紹介する。

事例で学ぶ学校の安全と事故防止

――――添田久美子・石井拓児編著　B5判 156頁　本体 2400 円

●「事故は起こるもの」と考えるべき。授業中，登下校時，部活の最中，給食で…，児童・生徒が巻き込まれる事故が起こったとき，あなたは――。学校の内外での多様な事故について，何をどのように考えるのか，防止のためのポイントは何か，指導者が配慮すべき点は何か，を具体的にわかりやすく，裁判例も用いながら解説する。学校関係者必携の一冊。

―――― ミネルヴァ書房 ――――

http://www.minervashobo.co.jp/